SV

Die »Dreizehn alltäglichen Phantasiestücke«, mit denen Karl Heinz Bohrer nach seiner wissenschaftlichen Studie über den »Hass« die kleine, handlichere Form für sein letztes Buch wählte, sind so alltäglich nicht: Sie zeigen die Handschrift eines ruhelosen Intellektuellen, der in der konzentrierten Form kurzer Prosa über ausgewählte Befindlichkeiten, Vorlieben, Emphatisierungen, Verstörungen, auch Antipathien eines langen Lebens Auskunft geben wollte. Mit einem suggestiven Erlebnisbericht über eine Bahnfahrt nach Brüssel – auf dem Höhepunkt der Hitzeperiode des Jahres 2018 –, die in einer apokalyptischen Erfahrung buchstäblich zu entgleisen drohte, setzt Bohrer den Ton, bevor es weitergeht zu den Fundamenten unseres Gefühlslebens: zu Herkunft und Wesensart des Ressentiments etwa, zu den Wurzeln von Freundschaft und Entfremdung, zu Reflexionen über Isolation, Einsamkeit und Alleinsein und zu narzisstisch gespiegelter Selbstwahrnehmung. Das letzte Stück über Idylle und Chaos führt mitten in die Gegenwart und zugleich darüber hinaus: in jene pandemischen (Ver-)Störungen, denen der Mensch doch wieder sein persönliches Heil abgewinnt. So entfaltet sich ein reiches Panorama ganz unterschiedlich gestimmter Gedanken und Erinnerungen, in denen der Autor, wie man es von ihm gewohnt war, kein Blatt vor den Mund nahm und den Leser das Alltägliche denn doch als die aufregende Begegnung mit dem schlechthin Fremden erfahren lässt.

Karl Heinz Bohrer, geboren 1932 in Köln, war Literatur- und Zeitkritiker, Herausgeber, Wissenschaftler, Autobiograph und Verfasser von Werken um die zentrale Idee des Momentanismus. 2021 ist er in London gestorben.

Karl Heinz Bohrer

Was alles so vorkommt

Dreizehn alltägliche Phantasiestücke

Suhrkamp

Erste Auflage 2021
Originalausgabe
suhrkamp taschenbuch 5213
© Suhrkamp Verlag Berlin 2021
Suhrkamp Taschenbuch Verlag
Alle Rechte vorbehalten, insbesondere das
des öffentlichen Vortrags sowie der Übertragung
durch Rundfunk und Fernsehen, auch einzelner Teile.
Kein Teil des Werkes darf in irgendeiner Form
(durch Fotografie, Mikrofilm oder andere Verfahren)
ohne schriftliche Genehmigung des Verlages reproduziert
oder unter Verwendung elektronischer Systeme verarbeitet,
vervielfältigt oder verbreitet werden.
Umschlaggestaltung: Hermann Michels und Regina Göllner
Druck und Bindung: CPI books GmbH, Leck
Printed in Germany
ISBN 978-3-518-47213-2

Inhalt

Für Angela

Eine Eisenbahnfahrt nach Brüssel

Die berühmteste Fahrt nach Brüssel war die in einer Kutsche, in der vier phantastische Gestalten beisammensaßen: eine alte Zigeunerin, ein Bärenhäuter, ein weiblicher Golem und eine bösartige Alraunwurzel, die menschliche Züge und Fähigkeiten besaß und zur Hauptfigur erkoren wurde. Erzählt hat diese Fahrt Achim von Arnim 1812, und rund zwanzig Jahre später pries sie Heinrich Heine den Franzosen als das Grauenhafte und wahrhaft Gespenstische an, das ihre urban geprägte Phantasie übersteige.

Möglicherweise wäre er anderer Meinung gewesen, hätte er ihre Fahrt nach Brüssel gekannt. Als sie letzten Juli gegen 14 Uhr in Köln auf den Zug warteten, tauchten sie in eine Hitze ein, die besser noch als Lauge beschrieben wäre. Überraschend, irgendwie grotesk, als wäre man aus dem deutschen Wald in eine tropische Gegend geraten, in der bald auch deren Tiere erscheinen würden. Vor ihnen lag die bekannte Strecke über Aachen und Lüttich/Liège. In zwei Stunden würden sie in Brüssel sein. Es war noch heißer als am Tag zuvor. Sie hatte sich in den schmalen Schatten einer Säule gestellt, um den Angriff der Sonne, anders konnte man es nicht nennen, etwas abzuwehren. Sie liebte das kühle Wetter und vermied die Hitze, soweit es möglich war.

Der Zug hatte nur zehn Minuten Verspätung, aber als er einfuhr, war es auch für den Mann erlösend. Die Kühle des Wagens erster Klasse ließ ihn die extreme Temperatur unter der gläsernen Bahnhofskuppel als überstandene Gefahr empfinden.

Damit aber fing alles erst an. Der Zug fuhr sehr langsam an. Er fuhr sehr langsam weiter. Er nahm auch nicht Fahrt auf, als er das Stadtgebiet verlassen hatte. Wieso nicht? War an den Gleisen, auf denen sie fuhren, etwas nicht in Ordnung? Aber man würde es doch nicht riskieren, auf einer Strecke zu fahren, die defekt war. Nun ja, es würde irgendeinen harmlosen Grund geben, bestimmt. Und auch der schon eingetretene Zeitverlust war bislang unerheblich für das Umsteigen in Brüssel in den Zug nach London, als plötzlich eine Stimme aus dem Wagenlautsprecher zu hören war: Man könne wegen Komplikationen nicht auf der üblichen Strecke nach Aachen weiterfahren, man müsse warten, bis diese beseitigt seien. Der Wagen kam allmählich zum Stehen. Der Wagen stand. Er stand ziemlich lange. Offenbar dauerte das mit der Regelung der Verhältnisse. Der Verdacht, dass gar nichts geregelt würde, lag nahe. Die Stimme aus dem Lautsprecher meldete sich wieder, in ihrem belgischen Französisch, Englisch und Deutsch nur schwer verständlich. Dass sie sich etwas umständlich entschuldigte für die entstandene Verspätung, so viel wurde jedoch klar, und dass man sogar zurückfahren müsse, um ein unbeschädigtes Gleis in Richtung Aachen zu finden. Nicht bloß das Gleis, offensichtlich auch die vorausliegende Schaltstelle funktionierte nicht. Mehr als die Hälfte der angesetzten Fahrzeit nach Aachen war mittlerweile bereits verstrichen, und immer noch hatten sie die ganze Fahrt dorthin vor sich. Immerhin funktionierten die Kühle spendenden Luftmaschinen.

Die nächste Ansage teilte jedoch eine neue Überraschung mit, wenn man so etwas denn Überraschung nennen kann: Man würde jetzt nicht auf einer Strecke nach Westen fahren, die sie unmittelbar zur deutsch-belgischen Grenze brächte. Nein, wegen des Zustands aller Gleise in dieser

Richtung ginge es zunächst nach Nordwesten. Was für ein Zustand? Warum? Die abermals sich meldende Lautsprecherstimme schien um Verständnis zu flehen. Sie erklärte nichts, sie teilte vielmehr als weitere Neuigkeit mit, dass man, sobald man Aachen erreicht habe, nur noch nach Liège weiterführe. Dort hätten alle Reisenden, die nach Brüssel wollten, in einen wartenden belgischen Regionalzug umzusteigen.

Irgendwo auf der Höhe von Mönchengladbach musste der Zug schließlich die Richtung nach Südwesten genommen haben, den Zwischenhalt Aachen nunmehr endlich im Visier. Gesagt wurde den beiden das zwar nicht. Doch die nun auftauchenden kleinen Orte und Städte lagen südlich von dem gerade zurückgelassenen Mönchengladbach. Der Zug fuhr nach wie vor sehr langsam. Der nervöse Schaffner, der die ganze Zeit hin- und hergelaufen war, antwortete auf die Frage, warum man noch immer so langsam fahre, ob denn auch diese Gleise nicht in Ordnung seien: »Das weiß ich nicht.« Derweil hatten die nächstsitzenden jungen Männer ihre Mutmaßungen über diese seltsame, absurd wirkende Fahrt vorgebracht: Es seien nicht die technischen Fehler schuld, die man seit längerer Zeit der Deutschen Bahn nachsage und die Ursache der häufigen Verspätungen einer Institution geworden seien, die sich einmal auf dem Ruf ihrer Pünktlichkeit habe ausruhen können. Nein, das sei es nicht. Es sei die seit Tagen wie noch nie brennende Sonne, die nicht bloß die Stellwerke außer Betrieb gesetzt, sondern hier und dort die Gleise selbst an die Schmelzgrenze gebracht habe. Demnach konnten die Schienen nach Aachen überall beschädigt sein. Mit Sicherheit wusste das, wie schon der Schaffner es ausgedrückt hatte, jedoch keiner zu sagen. Und sie alle verstanden ja im Grunde auch nichts von Eisenbahntechnik. Man wusste nur, dass etwas sehr Beunruhigendes vor sich ging. Das bisher als sicherstes geltende System, das so lange Vertrauen erweckende Gefährt, war außer Kontrolle geraten, ohne dass jemand es erklären konnte. Das war es: So viel die Stimme im Lautsprecher auch redete, sie wusste nichts wirklich Aufklärendes zu sagen. Wie sollte sie auch! Man wusste, dass Schienen durch Regenüberschwemmungen und winterliches Eis unbefahrbar werden können. Das kam immer wieder mal vor. Das hier aber war noch nie vorgekommen.

Es hatte etwas Chaotisches. Es war das Chaos! Dass so etwas von der Natur herrührte, war in diesen Breitengraden neu. Das Wort, das man bislang nur metaphorisch benutzt hatte, um Unordnung, ein Durcheinander der gewohnten Ordnung, zu charakterisieren, hatte plötzlich seinen metaphorischen Charakter verloren. Nun saßen die Leute im Zug und fühlten sich zusehends einem nichtverständlichen Zwang von oben ausgesetzt, den die verschwommenen Sätze aus dem Lautsprecher nur noch verstärkten. Die dazugehörige Stimme schien aus dem Mund eines Verwirrten zu kommen, der sich seiner Lage selbst bewusst war und sich ständig dafür entschuldigte. Die Stimme wirkte panisch, als er nun das Gegenteil von dem sagte, was er gerade zuvor gesagt hatte. Die Namen der Städte, der kleinen Orte flogen nicht vorbei, sondern zogen gemächlich dahin, gut lesbar für alle. Und als der Name Geilenkirchen auftauchte, wussten jene, die sich etwas in der Gegend auskannten, sich tatsächlich auf dem Weg in Richtung der Grenzstadt Aachen. Immerhin! Man hätte sie vor einer Stunde in Richtung Brüssel verlassen sollen. Am nächsten Tag würde in der Zeitung zu lesen sein, dass bei Geilenkirchen die Sonne mit 40,5 Grad am intensivsten über Deutschland gestanden habe. Wegen des noch funktionierenden Kühlsystems war sie bisher nur zu ahnen gewesen.

Die Lautsprechererklärung hatte nicht gesagt, die Schienen würden schmelzen. Konnte Eisen überhaupt außerhalb eines Feuers schmelzen? Zuvor – das wusste man, wenn man einmal in einer Schmiede zugesehen hatte – glühte es. Doch nirgends glühten die Schienen, was jedoch nichts änderte an den sich längst einstellenden Zweifeln an der gewohnten Ordnung der Dinge. Die Sonne musste – anders waren die langsame Fahrt und ihr Umweg ja gar nicht zu erklären – überall Schienen beschädigt haben. Man war also auf offenem Feld unter den Effekt ihres Feuers geraten. Als dieser Gedanke ihn als Gedanke, noch nicht als Furcht, überkam, mengte sich dem die Vermutung einer möglichen, die Kultur verändernden Katastrophe in der Natur bei. Was bisher ein Thema der Umweltschützer gewesen war, schien nunmehr in Realität umgeschlagen.

Die Gegend, durch die sie fuhren, war ihm von Jugend an als attraktiv erschienen. Nicht, dass man sie als schön bezeichnen konnte. Sie war ja flach, irgendwie langweilig, verglich man sie mit dem eigentlichen Rheinland. Aber manche Orte hatten es ihm angetan, weil an ihren Namen das Sich-Nähern, die näher kommende Grenze nach Westen erkennbar wurde. Düren war noch so vertraut wie die westlichen Vororte von Köln, Bocklemünd und Bickendorf. Kerpen und Jülich, nicht viel weiter westlich, klangen da schon verheißungsvoll fremder. Noch vielversprechender war der Name der südlich gelegenen Stadt Zülpich, in deren Gegend er einmal als Student mit dem Fahrrad unterwegs gewesen war. Die Stadt hatte einst »Tolbiacum« geheißen. Damals, als die rheinischen und die salischen Franken unter ihren Königen Sigibert und Chlodwig die Alemannen nach einer Entscheidungsschlacht endgültig nach Süden und Südwesten abgedrängt hatten. Aufgrund militärischer Großtaten gab es natürlich berühmtere Orte. So etwa Tannenberg im Osten, wo die Kreuzritter 1410 vom polnisch-litauischen Heer geschlagen wurden und deutsche Truppen 1914 die zweite russische Armee am weiteren Vordringen in Ostpreußen gehindert und vernichtet hatten. Er hatte sich aber den weniger bekannten Namen »Tolbiacum« besonders eingeprägt, weil hier die Zukunft Frankreichs und Deutschlands vorentschieden worden war. Die Rheinfranken sollten sich später mit ihren alten Feinden, den Niedersachsen und Westfalen, zusammenschließen und auch die Alemannen mit in ihr neues Staatsgebilde aufnehmen. Das hieß dann zwar immer noch »Regnum Francorum«, doch war hier nicht mehr nur das rhenanische Land, sondern ein übergreifendes Territorium mit seinen Stämmen in einer politischen Einheit zusammengeschlossen. In dieser Gegend, die wir nun durchfuhren, sprachen sie noch immer den alten rheinisch-fränkischen Dialekt, den die Flamen zum Teil verstanden, nicht aber die Bayern. Die Kölner Vororte und das Zentrum der Stadt wimmelten von Erinnerungen an die fränkische Zeit, angefangen beim Chlodwigplatz bis hin zum Severinstor, getauft auf den Namen des heiligen Bischofs von Köln, kölnisch »Severins-Porz« (oder auch »Vringspooz«) genannt – »Porz« für »Porta«. Die Gegend war Geschichte, ganz alte Geschichte.

An diesem Mittag war diese Geschichte jedoch vorbei. Es gab nur noch die Natur, das Naturereignis. Mit einer vermeintlichen Unterbrechung. Denn als sie endlich, statt nach einer Stunde nach drei Stunden, in den Grenzbahnhof Aachen einfuhren, wagte sich der Gedanke nach vorn, das Chaos läge hinter ihnen. Was sich bisher abgespielt hatte, wäre verschwunden. Doch war das eine falsche Hoffnung. Dieselbe Sonne stand über den gleichen Gleisen, auch wenn sie jetzt von belgischen Bahnmitarbeitern und Ingenieuren kontrolliert wurden. Und ihr Zug würde, wie der Ansager gesagt hatte, nur nach Liège fahren, so dass diejenigen mit Brüssel als Ziel dort in einen belgischen Zug umzusteigen hätten.

Inzwischen deutete noch etwas anderes darauf hin, dass man sich auf alles gefasst machen musste: Die Luft im Wagen begann – wie soll man es nennen – auf diesem letzten Stück vor Liège schwer zu werden. Ja, schwer, nicht nur zunehmend verbraucht. Lauwarm, schwül. Bei der Weiterfahrt stellte sich heraus, dass die Klimaanlage in den benachbarten Wagen der zweiten Klasse ausgefallen war und infolge der ständig auf- und zugehenden Türen die drückende Luft immer stärker hereindrang. Die ursprünglich frische Kühle ihres Abteils verschwand nach und nach. Diese Veränderung verstärkte die sich seit Stunden aufdrängende Unruhe, mit nichts Absehbarem mehr rechnen zu können. Er schaute seine Begleiterin forschend an, wusste er doch, wie sehr sie die kühle Luft brauchte und selbst Kälte ihr nichts ausmachte. Noch liefen einige Kinder spielend und lachend auf dem Gang umher. Die Erwachsenen waren stiller geworden. Er spürte ihre Unsicherheit, und sie fragten sich, was alles noch auf sie zukommen würde, zumal der Zug abermals Wartezeiten einlegte und zuweilen nur noch im Schritttempo vorankam. Liège – das wurde ihm, obwohl er die Strecke so oft schon gefahren war, erst im Blick auf die Landkarte im Nachbarabteil klar – lag keineswegs in der Mitte zwischen Aachen und Brüssel, sondern war von Brüssel noch weiter entfernt als von Aachen. Es stand nun fest, dass sie ihren unmittelbaren Anschluss in Brüssel nach London nicht mehr erreichen würden. Immerhin aber würde es noch weitere, spätere Züge dorthin geben.

Die würden ihnen vorerst aber nicht aus der unberechenbaren Lage heraushelfen. Wenige Minuten vor Liège – die Luft im Abteil war nun fast unerträglich drückend, und der Schweiß klebte immer unangenehmer am Körper – meldete sich noch einmal der Bordlautsprecher: Man würde nur fünf Minuten Zeit haben, um in den dort wartenden Zug nach Brüssel umzusteigen. Die Folge: Reisende bedrängten sich noch stärker als gewöhnlich vor den Türen. Dann die Explosion! Ja, eine Explosion von ungeheurer Hitze, auf die man sich im Wagen nicht hatte vorbereiten können, obwohl die Beflutung mit kühler Luft schon kaum mehr spürbar gewesen war: Auf dem Bahnsteig von Liège schien die Sonne steil auf sie herabzustoßen und alle und alles mit ihren Strahlen zu erfassen. Man konnte nicht mehr atmen, wie man es für gewöhnlich tat. Darüber hinaus stand auch der wartende Zug nach Brüssel weder gegenüber noch auf einem nahen Gleis. Man hatte zunächst die Treppe zu einem unüberdachten Übergang hochzusteigen, sich dann, Gott sei Dank nur mit Koffer, nicht auch noch mit Kind und Kegel, zur Gleishöhe des wartenden Zuges zu schleppen und von dort wieder die Treppe hinab, um möglichst das erste Abteil zu erreichen. Die erste Klasse zu suchen, dafür war keine Zeit.

Das also war der Glutofen, von dem er vor einer Woche in Berlin gelesen hatte. Wenn man hier nicht mehr wegkäme oder einem im Auto auf der Landstraße das Benzin ausginge – was wäre dann? Man ging durch die Hölle, um in das Paradies des wartenden Zuges zu entkommen. Kein Vergleich mehr mit den Minuten auf dem Kölner Bahnhof, die ja schon unangenehm genug gewesen waren. Vor Wochen hatte er in einer BBC-Sendung von einem durch Wassermassen, die sich in einen reißenden Strom verwandelt hatten, bedrohten Wall gehört. Ein Bewohner des Dorfes vor dem Wall hatte

14

gesagt: »I believe something dreadful could happen.« Vor dem Umsteigen in Liège war ihm das Wort »dreadful« wieder eingefallen; es war ihm zunächst erneut als wunderlich aufgestoßen, aber er hätte nicht gedacht, dass es ihm selbst einmal als zutreffende Beschreibung seiner eigenen Lage erscheinen könnte. Als sie sich jedoch durch die Hitzelauge die Treppen hinauf- und hinunterschleppten, dachte er an etwas Derartiges, Schreckliches, das womöglich bevorstand, und der harmloseste Gedanke dabei war noch der, dass sie im Sommer nicht mehr ins kontinentale Europa würden fahren können. Es sei denn, der Brexit zwänge sie dazu.

Der Zug nach Brüssel fuhr ab, kaum dass sie den ersten Wagen erreicht hatten. Zufällig war es die erste Klasse, aber sie erstarrten, buchstäblich, als sie in ihrem Abteil angekommen waren. In dem extravagant mit violetten Polstern ausgestatteten leeren Wagen konnte man es nicht eine Minute aushalten. Die dort angestaute Hitze machte jedes Atmen unmöglich. Sie überfiel einen nicht, sondern man bekam einfach keine Luft mehr. Als ob die heiße Luft wie eine aus Klötzen gemachte Masse auf einem läge. Wären es doch Eisklötze gewesen! Sie wollten, sie mussten hinaus, sofort. Der Gang vor ihrem Abteil war von Reisenden besetzt, die einander in der Hoffnung auf klimatisierte Abteile nach vorn schoben. Die jedoch gab es gar nicht, es war ja nur ein Provinzzug. Die Herde – sie mittendrin – schob sich weiter in den nächsten Wagen, dessen Plätze alle schon von größtenteils belgischen Passagieren besetzt waren, und auch auf dem Gang konnte man, wenn man Glück hatte, nur mehr angelehnt stehen. Hier war die Hitze nicht ganz so unerträglich, wenngleich sie einem auch hier nach einiger Zeit unter die Haut ging. Viele der dort sitzenden Frauen, meist ältere, hielten Fächer in den Händen. Sie waren offenbar vorbereitet, und ihre Fächer setzten die Luft zwischen den Sitzenden in Bewegung. Die meisten schwiegen. Manche sahen so aus, wie er sich das Wurzelmännchen in Arnims Kutsche vorstellte: faltig, regelrecht runzelig, und durch die Hitze hatte jedes Gesicht eine andere Färbung angenommen.

So ging es durch die Spätnachmittagssonne, ohne Klimaanlage und ohne ein Lüftchen von den Fenstern, die man keinen Spalt weit öffnen konnte. Er stand, inzwischen mit hochrotem Gesicht – das bemerkte er im Spiegel der Toilette, die aufgrund mangelnden Wassers kaum mehr zu benutzen war –, ohne sich zu bewegen, kerzengerade gegen eine Sitzlehne gelehnt. Sie hatte noch einen freien Platz bekommen. Neben einer Australierin, die nach Paris wollte und das heute nicht mehr schaffen würde. Wo in Brüssel bleiben? fragte sie. Eine unerquickliche Andeutung dessen, was auch ihnen blühen könnte.

Wenn es auch auf der Toilette kein Wasser gab, so hatte die belgische Bahn doch zumindest für eine ausreichende Menge Wasserflaschen gesorgt, die jetzt herumgereicht wurden. Viel Wasser, auch Zucker, so hatte er gehört, seien in einer solchen Situation notwendig. Sie tranken in der ersten halben Stunde jeder zwei kleine Wasserflaschen aus. Es war jetzt noch stiller als während der Fahrt nach Aachen. Noch stiller als während der Fahrt nach Liège. Merkwürdigerweise beschwerte sich, soweit er das beobachten konnte, keiner der Reisenden über den Umstand, dass die belgische Bahn sich bei solchen Innentemperaturen überhaupt in Bewegung setzte.

Als er schweigend dastand, die Luftbewegung des Fächers der Frau spürend, musste er wieder an das überhitzte, violett gepolsterte »Kolonial«-Abteil denken. Darin hatte sich die ganze Misere der bisherigen Fahrt konzentriert. Sie setzte der belgischen Bahn sozusagen die afrikanische Krone auf. Bei diesem Bild musste er plötzlich an das Kolonialmuseum in Brüssel denken. Ungeniert hatten dort die Fotografien von als Barbaren gezeigten »Kongo-Negern« neben exotischen Tieren gehangen. Und das unter der Aufsicht ihrer belgischen Herren. Solche ohne historisch-politische Erklärung, geschweige Distanzierung zu betrachtenden Museumsbilder konnten auf Dauer nicht folgenlos bleiben. Man hatte die Vorfahren der heute in Brüssel lebenden Schwarzen in ihrer damaligen Nacktheit oder Buntheit so drastisch vorgeführt, dass es mit diesem naiv-zynischen Rassismus inzwischen vorbei ist. Das Kolonialmuseum wurde nach brutaler Einsicht in die belgischen Kolonialgreuel umgestaltet. Der Name des verantwortlichen Königs, Leopold, ist von den Brüsseler Plätzen verschwunden. Der violette Plüsch hatte all das in ihm aufgerufen.

Etwas anderes irritierte ihn erneut: Sie fuhren offensichtlich nicht die übliche Strecke von Liège nach Brüssel, die sie eigentlich in einer halben Stunde zurückgelegt hätten. Statt dessen hielt der Zug an kleinen Orten, und diese Orte lagen nicht auf der geraden Strecke, die er kannte, sondern beträchtlich weiter südlich. So hatte er den Namen »Andenne« gelesen. Waren sie etwa am nördlichen Rand der Ardennen entlanggefahren? Beim Namen des nächsten Ortes handelte es sich um die Stadt Namur, und so wurde der vermutete Umweg, wie er auf der kleinen Landkarte in seinem Notizbuch erkannte, Gewissheit. Das hieß mit anderen Worten: Wenn der Zug von Namur aus nun wirklich in nordwestlicher Richtung nach Brüssel führe, dann würde er die gleiche Zeit brauchen, die sie für die Strecke von Aachen nach Liège benötigt hatten. Anstatt um 16 Uhr würden sie um 20 Uhr Brüssel erreicht haben. Nicht nur der von ihnen inzwischen vorgesehene, sondern alle Anschlusszüge wären dann abgefahren. Aber, so verbreitete der in Abständen auftauchende und immer lächelnde Schaffner, es würde noch ein letzter Zug nach London eingesetzt werden, eben für diejenigen, die aus diesem Zug dort hinwollten, und das waren eine ganze Menge.

Diese Menge bestand vor allem aus Männern. Sie hatten – das nahm er erst allmählich wahr – durchweg einen sehr ernsten, gespannten Gesichtsausdruck. Als ob etwas Entscheidendes auf dem Spiel stünde. Er konnte sich nicht verkneifen, auch wegen der eigenen Anspannung, einen besonders finster blickenden, direkt an der Wagentür stehenden, sozusagen auf den Ausstieg als erster hoffenden Mann zu fragen, wie denn die Lage sei. Wenn man Pech habe, müsse man sich ein Hotel in der Nähe des Bahnhofs suchen, antwortete dieser, und das bei solcher Hitze. Aber noch hoffe er. In London seien die Temperaturen auf 29 Grad gestiegen. Also noch harmlos. Sein Gegenüber nickte.

Als die ersten Vororte von Brüssel aufgerufen wurden, war es ihm, als ob dadurch die belgische Hauptstadt, das vorläufige Ziel der Schreckensfahrt, als Ort der Rettung ausgezeichnet würde. Es war jetzt 20.30 Uhr. Tatsächlich sollte ein Extrazug nach London eingesetzt werden. Um 23 Uhr würde dieser nach London abfahren, ohne in Lille oder Calais anzuhalten. Das bedeutete, sie würden gegen ein Uhr nachts in London ankommen.

In den unteren Regionen des Brüsseler Bahnhofs war es hinter der Passkontrolle nicht mehr sonderlich heiß. Sie hätten todmüde sein müssen. Noch aber bemerkte er die eigene Müdigkeit nicht, zu sehr war er damit beschäftigt, welch ein Glück ihnen zuteil geworden war! Ja, ein Glück. Es war, als wäre er zum ersten Mal etwas wirklich Üblem entkommen.

Ein solches Glück hatte er eigentlich noch nie empfunden! Nicht einmal als Junge während des Krieges. Und das, obwohl er immer viel Glück gehabt hatte. Lebensglück und Glück von Fall zu Fall. Diesmal aber erst nach etwas zutiefst Beunruhigendem, Erschreckendem.

Er hatte es bereits auf dem Bahnhof in Köln gespürt und vorher schon in dem gruseligen kleinen Hotel an der Hinterseite des Bahnhofs, wo sie für eine Nacht untergekommen waren und über das zu warme Zimmer ohne Klimaanlage noch hatten lachen müssen. Wohlverstanden nicht das übliche Kommerz-Hotel, in dem er sonst am liebsten übernachtete, obwohl man diesem Hotel nachsagte, es sei ein Stundenhotel. Dass etwas sich grundlegend verändert hatte, war ihm schon an den Reibekuchen aufgefallen, für die Köln einmal berühmt gewesen war, die nun aber selbst im Gaffel-Restaurant gegenüber dem Dom nicht mehr das waren, was sie einmal gewesen waren. Diese Reibekuchen schmeckten nicht mehr nach in Öl gebratenen Kartoffeln, sondern nach dem gelben Bindemittel, das man schon von außen an ihnen erkennen konnte. Das waren nicht mehr jene Reibekuchen, die er einst mit Vorliebe in einer Bude auf dem Bahnhofsplatz gegessen hatte.

Auch in London war es an diesem Tag extrem heiß gewesen, viel heißer, als der Mann im Zug behauptet hatte. Ihr Haus war, als sie schließlich um drei Uhr nachts dort ankamen, so warm wie nachts noch nie zuvor. Die Vorstellung, die beruhigende Gewissheit, die kontinentale Wetterkatastrophe werde die Insel nicht erreichen, hatte sich als falsch herausgestellt. Gewiss, es war nicht ganz so heiß geworden, aber immerhin. Gewiss, im Nordwesten Englands, in Schottland und in Wales hatte es nicht dieselben Temperaturen wie im Süden Englands gegeben. Es würde sie wohl auch vorläufig nicht geben, sagten die Wetterdiagnostiker. Aber in London, in London gab es sie eben doch.

Die Sonne hatte die europäischen Gleise im Juli und im August weiter im Griff gehabt. Nach wie vor – das war zu lesen – hatten Bahnarbeiten zwischen Köln und Aachen eben jene Strecke unbefahrbar gemacht, auf der sie im Juli nicht weitergekommen waren. Noch im Oktober, so erzählten Freunde, dauerte die Fahrt von Brüssel nach Köln eine Stunde länger, weil abermals eine Umleitung gewählt werden musste. Man hörte, im Unterschied zu Schottland, wo die Gleise längst mit einem anderen Stahl verstärkt worden waren und die Hitze nicht mit derselben Gewalt wie in Deutschland, Belgien, Frankreich und Südengland gewütet hatte, ähnliches jetzt auch von den englischen Bahnstrecken. Dies bedeutete einen Bruch mit der englischen Tradition des auf Eisen und Stahl ausgerichteten Lebens. Die englischen Brücken waren lange Zeit, wie die Engländer selbst es gerne ausdrückten, der »Neid Europas« gewesen: Die Brücke von Newcastle im Norden etwa war seit jeher ein ikonisches Zeugnis der glorreichen englischen Stahlkonstruktionen. Ähnlich wie die englischen Tanks, die Vorläufer der Panzer, am Ende des Ersten Weltkriegs

Wann würden sie im nächsten Jahr auf den Kontinent reisen können? Wohl nicht im Juli. Müssten sie, um sicherzugehen, das tun, was sie eigentlich nie taten, nämlich mit einem Flugzeug nach Berlin fliegen?

An den Tod denken

An den Tod denken, kurz davorstehen, ist absehbar ein unergiebiges Thema. Ergiebig ist es erst, wenn man bedenkt, dass die einen ihn als endgültiges Ende des Seins bezeichnen, andere hingegen nicht. Als Gläubige hoffen sie entweder auf ein Himmelsreich oder setzen auf eine andere Form der Transzendenz. Beträchtliche Zukunftsaussichten eröffnen sich so. Ein imaginärer Schauspieler aber, der auf der Bühne steht, hält möglicherweise nicht viel von der Zukunft. Insofern mag eine Ewigkeitsidee, die dem eigenen Tod den Schrecken nimmt, ihm bisher, im Spiel jedenfalls, nicht gekommen sein.

Es gäbe einen einleuchtenden Grund für solche Todesverachtung. Er schlüpft ja in klassische Rollen und stirbt oft auf der Bühne, entweder weil er getötet wird, oder weil er einfach so zu sterben hat. Schnell kann der beschlagene Leser oder Theaterbesucher die getöteten Helden und Heldinnen aufzählen: bei Shakespeare vor allem Macbeth, König Lear, Richard III. Hamlets Tod schwebt über der letzten blutigen Szene wie eine Gloriole des Ruhms. Bei Schiller sind es Wallenstein, Maria Stuart und der Marquis Posa, bei Hebbel Mariamne und Agnes Bernauer. Aber was ist mit denen, die genügend Zeit haben, auf der Bühne oder zwischen zwei Buchdeckeln über ihr Ende nachzudenken und zu räsonieren? Wer wäre zu nennen? Büchners zum Tode verurteilte Girondisten um Danton und Camille Desmoulins etwa. Reden sie doch ständig darüber, und das in sehr schönen Sätzen. Auch Richard III. hat Zeit, darüber besinnlich zu werden, in der Nacht vor der Schlacht, in der es ihm an den Kragen geht. Wer noch? Werther? Der ist ein Selbstmörder. Selbstmörder bringen sich aus schwerwiegenden Gründen um, aber denken sie, realistisch betrachtet, wirklich über den Tod nach? Steht ihnen der Tod nicht nur kurz vor Augen, wenn sie der Gedanke befällt, die Tat tatsächlich zu begehen?

Das alles ist nur Literatur für den lebendig agierenden Schauspieler. Wer ständig den Tod fingiert wie er, der mag ihn dabei vielleicht nicht in einer Weise erfahren, wie man selbst ihn sich vorstellt ohne Bühnendasein.

Fragen wir uns: Wie ist es, wenn man, von einer tödlichen Krankheit befallen, auf das Ende wartet? Das Ableben könnte dauern. Es könnte sich sogar nicht ereignen. Oder im Falle des über Achtzigjährigen: die Ungewissheit des nächsten Tages. Nicht an den Tod denken, vielmehr intensiver leben? Die Kraft haben, nicht von der Angst überwältigt zu werden? Wenn das gelänge, könnte man ihn ganz vergessen, selbst wenn das Jahrzehnt eintritt, von dem an man für gewöhnlich häufiger an das Sterben denkt.

Es gibt einen Anlass, bei dem der Tod zu einem Thema, nein, Bild werden kann, das einen ganz in Beschlag nimmt: dann nämlich, wenn man an einer Beerdigung teilnimmt, die einen nicht unmittelbar persönlich betrifft. Wenn der Sarg ins Grab gesenkt wird, kann einem die Einzigartigkeit des Moments, denjenigen, der im Sarg liegt, endgültig in der Erde verschwunden zu wissen, den Atem nehmen. Sofern ein Jedermann ins Grab gesenkt wird, kann man sich an seine Stelle setzen, werden der Tote und man selbst austauschbar. Dagegen bleibt ein geliebter oder verehrter Toter einzig und allein für sich, ohne dass man imaginativ an seine Stelle treten könnte.

Hat man nur wenigen Beerdigungen beigewohnt, tritt

einem der Tod als der Übertritt ins Nichtsein besonders nahe. Vor allem dann, wenn man noch ziemlich jung ist. Ein unheimlicher Affekt kann einen dann überkommen: das Erschauern davor, dass der Tod nicht als das drohend bevorstehende Ende des eigenen Lebens, sondern als ein grausiges Phänomen, als ein überpersönliches Wesen mit dem inneren Auge gesehen wird als der Tod an sich, unsere glückliche Existenz ständig benagend. Als eine Ratte. Die Gewissheit, dass unser Glück von dieser gehasst wird, bricht in dieses Glück ein. Glück? Ja. Sofern nach dem Tode der anderen für einen selbst eine neue schöne Epoche beginnen könnte. Wenn nämlich ein naher Freund stirbt oder ein Elternteil, kann etwas mit einem geschehen, das zynisch, naiv oder gedankenlos klingen mag: Der Tod des anderen haucht einem selbst den Gedanken eigenen ewigen Lebens ein. Noch lange nicht sterben hieße jetzt: gar nicht sterben. Der Tod ist nicht nur eine Ratte, er ist auch ein Zeichen Gottes, ebenso unverständlich wie unvorstellbar die gewohnte Zeitmauer einreißend.

Das empfindet man vor allem dann, wenn an den solchermaßen begrabenen Freund in einer Gedenkfeier erinnert wird. Die Lieder sind es, die einem dabei den Sinn für die Transzendenz des Todes eröffnen. Besonders einige englische Lieder haben diese ausströmende Kraft, darunter vor allem William Blakes von Hubert Parry vertonte Hymne »Jerusalem« (ursprünglich »And did those feet in ancient times«) und das Kirchenlied »I vow to thee, my country«. Bezeichnend für ihre englische Herkunft, ist diesen Liedern etwas Patriotisches eigen. So bringen es die letzten beiden Strophen von »Jerusalem« etwa folgendermaßen zum Ausdruck: Nach dem Gedanken, dass trotz der neu erbauten Fabriken der industriellen Revolution, der »satanischen Mühlen«, wie

Blake sie nennt, auf Englands bewölkten Hügeln Jerusalem erneut erbaut werden könnte, heißt es: »Bring me my bow of burning gold: / Bring me my arrows of desire: / Bring me my spear: O clouds unfold! / Bring me my chariot of fire! // I will not cease from mental fight, / Nor shall my sword sleep in my hand: / Till we have built Jerusalem, / In England's green and pleasant land.«

Ein kriegerisches Vokabular beim Totengedenken? Ja, aber kriegerisch im Sinne eines spirituellen Kampfes, der dem Tod hier eine eigentümliche Größe verleiht. Als könnte der Tote eine neue Aufgabe übernehmen und in der Ewigkeit auf seinem himmlischen feurigen Kampfwagen einen Kampf für das neue Jerusalem ausfechten.

Anders das Lied »I vow to thee, my country«. Zwar wird auch hier zunächst an »my country«, an England, gedacht, dann aber öffnet die letzte Strophe den Blick auf ein anderes Land, eben das Jenseitige, die Transzendenz: »another country«.

I vow to thee, my country, all earthly things above,
Entire and whole and perfect, the service of my love;
The love that asks no questions, the love that stands the test,
That lays upon the altar the dearest and the best;
The love that never falters, the love that pays the price,
The love that makes undaunted the final sacrifice.

And there's another country, I've heard of long ago,
Most dear to them that love her, most great to them that
    know;
We may not count her armies, we may not see her King;
Her fortress is a faithful heart, her pride is suffering;
And soul by soul and silently her shining bounds increase,

And her ways are ways of gentleness, and all her paths are
  peace.

Beim ersten Hören des Liedes in der Kirche verlor sich der
Todesgedanke, und der eines Irgendwo-Weiterlebens trat an
seine Stelle. Natürlich nicht für immer, aber im Jetzt. Die
festgesetzte Gewissheit: »Dann ist Schluss« verlor sich. Dabei wirkt nicht allein die Sprache. Im Falle von »Jerusalem«
ist es vor allem die Melodie des Komponisten Hubert Parry, der Blakes Gedicht zu einer Hymne gemacht hat. Ganz
ähnlich bei »I vow to thee, my country« im Film *Another
Country* von 1984: Darin meint »another country« nicht die
Ewigkeit, sondern den Glauben an den Marxismus oder das
Leben als Homosexueller – entrissen wird man damit der
Alltäglichkeit und ihrer Banalität.

Der Tod, der Gedanke an das Sterben, enthält also einen
widerläufigen Impuls. Vielleicht auch gerade deshalb, weil ja
der christliche Glaube im wesentlichen auf einem widerläufigen Impuls beruht. Aber wer ist denn noch gläubiger Christ,
selbst wenn die kulturelle Zugehörigkeit einen ans Christentum bindet und es nicht nur die Stunde des Gedenkens, die
Stunde der Orgelbegleitung zu den Liedern in der Kirche
ist, die uns auf dem Todesgedanken hineingleiten lässt in ein
imaginäres Reich oder in das Reich des Imaginären?

Es ist die Dichtung, vor allem die Dichtung um 1800,
in der man den Tod als Feier des Gefühls antrifft: bei Kleist,
bei Jean Paul, bei Novalis. Nicht bloß als ein Motiv unter anderen, sondern als den zentralen Affekt. Hatte Kleist sogar
dem Selbstmord die paradoxe Aura des allerhöchsten Glük-
kes verliehen, das er im Leben nicht erreicht hatte, sind es
insbesondere Novalis' *Hymnen an die Nacht* (1800), die den
Gedanken des Todes als eines ewigen Schlafes – an sich ein

herkömmlicher Gedanke – auf intensive poetische Weise aufgipfeln lässt bis hin zur Feier sowohl einer neuen, einer dem Heiland entsprungenen heiligen Zeit, welche die Sehnsucht des darum Wissenden bindet, als auch einer erotischen Zeit, die den Liebenden fesselt.

Indem die Nacht uns »unendliche Augen« eröffnet, eine »ewige Brautnacht« gewährt und das eigentliche Medium des erotisch-sexuellen Glücks bedeutet, wird sie zum »unendlicher Geheimnisse schweigenden Boten«. Der Tod kann als Vollender dieses Nachtgedankens nicht intensiver umarmt werden. Novalis hat die antike und klassizistische Idee vom Tod als unheimlichem Gespenst, wie noch Schiller sie zitiert, in die Mystik der Nacht gekleidet. Schiller hingegen erkennt im physischen Untergang die Bedingung ideeller Ewigkeit. Diese Aufhebung der Zeit in der Zeit findet in der Elegie »Nänie« ihre Formel: »Auch das Schöne muss sterben!« Es muss sterben, um verewigt werden zu können. Der Tod wird in einem ewigen Leben künstlerischer Phantasie aufgehoben. Das ist eine völlig andere Lösung als Novalis' Glorifizierung des Sterbens, des Todesbewusstseins, mit der auch ein nichtgläubiger Leser angesprochen werden kann. Anders gesagt: Novalis' *Hymnen an die Nacht* können als das moderne Paradigma einer imaginären Vorstellung vom Tode gelten.

Dagegen die Todesvorstellung des zum Tode Verurteilten: nicht Ewigkeit, sondern verschiedene Formen des Wartens. Eine besondere Bedingung, den Tod als Schrecken zu erwarten, ist gegeben, wenn man zu ihm per Gerichtsspruch verurteilt ist. Die grausigste Bedingung ist die in den USA erfundene Praxis, zum Tode Verurteilte tagelang oder noch viel, viel länger auf den Vollzug warten zu lassen. Die Videoaufzeichnungen von Gesprächen mit verurteilten Todeskandidaten, sogar noch wenige Minuten vor der Hinrichtung, bekommen dadurch etwas geradezu Obszönes. Denn sie dienen nicht der Aufklärung über den moralischen Skandal der Hinrichtungsform, sondern einzig dem voyeuristischen Blick des Fernsehpublikums. Aber auch als in Europa die Todesstrafe noch verbreitet war, galt der Gedanke an den Verurteilten, an seine tagelange Erwartung der damals üblichen Vollstreckungspraxis, Guillotine oder Strang, als abstoßend und unheimlich. Das Wort »unheimlich« ist hier besonders angebracht. Etwas letztlich nicht in der Erfahrung des eigenen Lebens Selbstverständliches tritt plötzlich wie selbstverständlich an einen heran. Deshalb ist dieser kurze Zeitabschnitt vor der Hinrichtung zu einem attraktiven Filmthema geworden. Die letzte Nacht, der grauende Morgen, die Henkersmahlzeit, der Priester, der Arzt, der langsame Gang zum Schafott. Die intrikateste Filminszenierung ist wohl jene, in welcher der Verurteilte an einem Tisch in der Zelle mit seinem letzten Besuch in aller Ruhe diskutiert. Über ihnen ein Fenster, das den Blick auf das Schafott freigibt. Und dann das ruhige Aufstehen dessen vom Stuhl, der nur noch Minuten zu leben hat. Sein Gang aus der Tür, die Treppe hinauf. Das Wissen um die Unausweichlichkeit des eigenen Todes.

In Jacques Beckers Film *Goldhelm* (*Casque d'or*, 1952) ist etwas Ähnliches zu sehen: Simone Signoret, in der Rolle der Geliebten des Verurteilten (Serge Reggiani), der einen kriminellen Boss getötet hat, sieht ihn im Morgengrauen auf seinem letzten Gang zur Guillotine im Hinterhof des Gefängnisses. Der Zuschauer verfolgt den Verurteilten aus der Perspektive von Simone Signoret, die sich das Dachfenster einer befreundeten Frau für diesen letzten Blick ausgesucht hat. Sie kann von dort über das Dach des gegenüberliegenden Hauses die Szene überschauen, sieht, wie ihr Geliebter in Richtung des Kopfabschneidegerätes geht, das man sich einem aufgereckten Monster gleich vor Augen stellen darf, bis der Delinquent in die erwartungsvolle Öffnung geschoben wird.

Es handelt sich um die wohl ergreifendste Darstellung der Todeserwartung seit Georg Büchners Drama *Dantons Tod*, in dem das kurz bevorstehende Sterben der Hauptfiguren den Zuschauer in einen existentiellen Sog hineinzieht. Diese Verurteilten befreien im Unterschied zu den meisten anderen Todeskandidaten nicht von der Identifikation mit ihnen, sondern lassen uns sprachgewaltig Anteil nehmen an ihrem Schicksal – so etwa wenn Camille Desmoulins in der Nacht vor der Hinrichtung sagt: »Ich lag so zwischen Traum und Wachen. Da schwand die Decke, und der Mond sank herein, ganz nahe, ganz dicht, mein Arm erfasst' ihn. Die Himmelsdecke mit ihren Lichtern hatte sich gesenkt, ich stieß daran, ich betastete die Sterne, ich taumelte wie ein Ertrinkender unter der Eisdecke. Das war entsetzlich, Danton!« Danton, Camille und die anderen werden nicht einfach nur in einer Gefängnishofecke abgeknipst. Sie stehen auf dem hohen Schafott, für die große Menge weithin sichtbar, wie an einem erhabenen Ort, und sie verabschieden sich mit herausfordernden, erhabenen Worten.

Aber ist es nicht eigentlich sogar Selbstmord? Nun ja, das Selbstmordmittel gibt man sich ein, doch entgegen allen humanistischen, moralischen und juristischen Beglaubigungen erscheint die Praxis der Selbsttötung wie etwas, das den in Filmen gezeigten Hinrichtungen bzw. wirklichen Hinrichtungserwartungen ähnlich ist. Jede dabei einkomponierte Atmosphäre wohlmeinender Hilfe erscheint in dieser Hinsicht als besonders unerquicklich. Ein bisschen zugespitzt ergäbe das einen besonders horrenden Horror-film. Dabei stellt sich allerdings die Frage: Sind richtige Selbstmörder immer unglücklich? Oder haben sie gar Besseres vor? Aber was könnten sie schon Besseres vorhaben? Selbstmörder kommen nicht in den Himmel. Glücklichsein ist – ohne dieses oder jenes abwägend auszuführen – von einer erfüllten Bedingung abhängig: der Freude an der Arbeit, lässt man das Glück des Liebens beiseite. Die geistige Konzentration im Beruf ist es, künstlerisch oder wissenschaftlich, die Glück bereitet. Demzufolge brächten sich also Schriftsteller und Künstler nicht um? Die allermeisten haben es tatsächlich nicht getan, auch wenn einige aus ihren depressiven Zuständen nicht herauskamen. Heinrich von Kleist hingegen brachte es wohl sogar zum berühmtesten Selbstmord der Literaturgeschichte. Gerade weil er derjenige war, der Besseres vorhatte. Seine einschlägigen Briefe sind Jubelarien darüber, in eine Transzendenz überzutreten. Dass er eine befreundete, aber nicht geliebte Frau zur Teilnahme an seinem Selbstmord überreden konnte, erschien ihm dabei wohl als die Krönung. Den Tod suchen, an ihn denken, ihn arrangieren hieß bei Kleist nicht, Schluss machen, sondern erst richtig anfangen.

Wer sonst noch? Trakl. Andere, die der Tod relativ früh nahm, fielen einer Krankheit zum Opfer: Proust und Rilke, die immerhin einundfünfzig Jahre alt wurden, sowie Mozart und Novalis. Oder sie fielen im Ersten Weltkrieg: etwa die Maler Franz Marc und August Macke. Georg Heym dagegen, der expressionistische Dichter, ertrank 1912 beim Versuch, einen ins Eis eingebrochenen Freund aus der Havel zu retten. Oder war es doch Selbstmord?

Die meisten Dichter haben also ihr Leben gelebt. Aber der Tod trat ihrer Dichtung nahe. Er hat sie geheiligt. Nicht nur bei Novalis und Kleist. Auch bei Dante, Shakespeare, Goethe, die alle alt geworden sind. Die Dichtung hat dem Tod auch sein Grässliches genommen.

Und so wartet man, sobald man in der eigenen Lebenszeit die Achtzig überschritten hat, zwar nicht in einer Zelle. Man wartet auch nicht auf diesen bestimmten Tag oder diese eine bestimmte Stunde. Sondern es kann von da an immer sein. Eine Grenze, eine Grenzüberschreitung ist markiert worden: Jetzt ist jeder Tag als derjenige möglich, von dem man früher, ganz früher, nicht nur von einer fernen Zeit, sondern von einem fernen Ort gesprochen hatte. Von etwas, das so weit entfernt ist wie eine in exotischen Gegenden liegende Stadt, die man kaum jemals besuchen würde. So schlägt das Bewusstsein von dem einen, allgemeinen Tod um, und er wird zum ganz eigenen. Allerdings noch immer auf unterschiedliche Weise: Wer gläubig ist in irgendeiner Form, der hat wohl keine Angst. Sei es aufgrund der Präsenz Gottes, die den Christen ein nur weltliches Ende erwarten lässt – eine theologisch wohlausgerüstete Begründung. Sei es aufgrund der Transzendenz des Seins, die unsere Existenz für immer erhellt – eine nur imaginative Hoffnung, die etwa Novalis' Nacht-Gleiche mit dem Tod zu nähren weiß. So fördern seine *Hymnen an die Nacht* den Glauben, dass unserem Leben etwas Ebenbürtiges, ja ihm vielleicht Überlegenes folge. Sie lassen uns durch die Erinnerung denjenigen, der unserem gemeinsamen Leben verlorenging, ins Leben zurückholen oder seinen Tod in einem unserem Leben überhöhten Zustand denken. Dagegen die Erwartung ohne solche Imagination! Was fühlen diejenigen, die ohne die eine oder die andere Gewissheit leben?

Davon wird von jenen, die es betrifft, eigentlich nicht gesprochen. Das ist kein Thema. Warum nicht? Denkt man sich selbst vor dem Nichts? Ungläubig im religiösen Sinn und im philosophischen? Nein. Nicht vor dem Nichts. Auch wenn dieser Gedanke keineswegs gänzlich zu vermeiden wäre, zu ignorieren wie ein schauriges Bild. Eher ist es wie auf Dürers Kupferstich *Ritter, Tod und Teufel* (1513), das ja trotz oder gerade wegen der bestialischen Begleiter des Reiters so anziehend ist, weil dieser, genau wissend, wen er um sich hat, ohne jeden Zweifel an seiner Lage über sie hinwegblickt. Dem ruhig betrachtenden Blick auf das Bild ist die Kenntnis des geistig-religiösen Einflusses auf den Ritter – die Idee vom christlichen Soldaten wider Teufel und Welt – nicht notwendig, um es wie ein Paradigma zu verstehen. Was heute an dem Kupferstich ins Auge springt, ist ja gerade nicht mehr die Botschaft des gläubigen Ritters, sondern die Unbekümmertheit des Reiters. Und die noch immer unvermindert widerwärtig erscheinenden Figuren des Todes und des Teufels. Wer von beiden ist scheußlicher anzusehen? Wohl der Tod. Schließlich hat der Ziegenbock hinter dem Pferd des Ritters auch etwas Lächerliches. Der Tod hingegen – sein Kopf wird von Schlangen umkrönt, sein geöffneter Mund deutet auf grässliche Gefräßigkeit – wird gewissermaßen allein schon durch das Stundenglas in seiner rechten Hand in seiner Unerträglichkeit legitimiert. Dabei ist auffällig, dass Dürer den Tod nicht in der üblichen symbolischen Fassung als Knochenmann oder als bloßen Totenschädel darstellte. Vielmehr als Phantasiegestalt. Nur unser Unglaube könnte die Grässlichkeiten der Darstellung ins Wanken bringen. Zudem: Glaubt der Ritter überhaupt, dass diese Figuren Tod und Teufel sind? Er nimmt doch scheinbar gar keine Kenntnis von ihnen. Zudem hat Dürer sie so grotesk aussehen lassen, dass sie in keinen theologischen Katechismus hineinpassen. Zwar nicht in diesen, wohl aber in unsere Angst.

Daraus schließen wir: Die Abwesenheit von Todesangst garantiert die Anwesenheit von Selbstgewissheit, indem man die Angst ausscheidet aus der Gegenwart der Lebendigen. Das Wissen darum, erinnert zu werden – ist es nicht ähnlich der Gewissheit, dass in Abwesenheit an einen gedacht wird? Und abwesend ist man doch sehr oft. Wenn man viel allein ist, fast immer. Wenn aber die Kenntnis der Darstellung des Todes in Literatur und Kunst – schön oder schrecklich – nicht gegeben ist, was dann? Wenn man nur die Vorstellung hat, entweder unter der Erde zu verschwinden und langsam zu verfaulen oder verbrannt zu werden und zu Asche zu zerfallen? Die Annäherung des Todes wird ohne die Kunst noch schrecklicher. Wird zu etwas, das man nicht mehr darstellen kann.

Schon deshalb bedarf es solcher Ideen. Die schönen Kirchenlieder, die schönen poetischen Phantasien, auch Dürers Bild können zu Mauern gegen den Tod werden. Wenn nicht gegen den Tod, dann zumindest gegen den Abgrund, in den man im Gedanken an seine Annäherung zu fallen droht. Sie helfen zu vergessen, dass man nicht mehr sein wird. Man tut so, als ob. Sofern man nicht krank ist. Dabei gibt es nur einen Gedanken, der wiederkehrt und den man nicht mehr los wird, und dieser ist der für die Selbstgewissheit eigentlich gefährliche, zerstörerische: allein zu verschwinden, denjenigen, mit dem man so gern gelebt hat, zu verlassen. Für immer. Verlassen im doppelten Sinne. Man verlässt und ist verlassen. Das Wissen, erinnert zu werden, hilft hier doch nicht mehr. Denn zu wissen, selbst nicht mehr zu erinnern, enthält die vergiftete Botschaft: Nimmermehr berühren sich unsere Gedanken.

Kein abstoßenderes Gefühl: Ressentiment

Die Hass-Rede ist ein Mittel literarischer Sprache, um besonders im Drama und in der Lyrik ein deutliches Mehr an Intensität zu erzielen, die rein poetische Aura durch starke Emotion zu überblenden. Aber hat der, der dies schreibt, einmal jemanden gehasst? Wahrscheinlich nicht. Zum Hass gehören Angst vor oder Ehrgeiz gegenüber dem Gehassten. Und damit Eifersucht und Neid.

Friedrich Nietzsche begründete seine Kulturkritik am Christentum auf einem moralischen Defizit, das er diesem zuschrieb: als Hass des Schwachen und Niedrigen auf einen höheren »Typus«. Hass kommt nach Nietzsche bei dem auf, dem der »Wille zur Macht« abgeht. In solchem Hass auf das amoralische Lebensglück des Starken entdeckte Nietzsche das »Ressentiment«. Als Ressentiment-Moral steht es der »vornehmen Moral« gegenüber. Das ist in *Zur Genealogie der Moral* zur Philosophie eines kulturellen Aristokratismus, ja Ästhetizismus entwickelt, die dem Herdeninstinkt der Sklavenmoral gegenübergestellt wird. Diese kulturgenetisch argumentierende Identifikation des moralisch »Guten« mit dem gesellschaftlich »Vornehmen« ist vor allem durch die Metaphorik der »blonden Bestie« in Verruf geraten, wenngleich Nietzsche nicht allein »die Germanen«, sondern ebenso die »Griechen« als Beispiele für seine Thesen heranzieht. In diesem Zusammenhang ließe sich auch Max Schelers berühmte kulturkritische Schrift *Das Ressentiment im*

Aufbau der Moralen von 1912 erörtern, zumal Scheler nicht unkritisch auf Nietzsches Begründung des Ressentiments eingeht, doch soll es im folgenden nicht um einen Vergleich philosophischer Ethiken gehen, sondern um die Bedeutung des Begriffs »Ressentiment« in einem aktuellen kulturellen Zusammenhang.

Kommen wir also auf die Ausgangsfrage zurück: Auch wenn man nicht hasst im Sinne eines Ressentiments, kann man doch sehr wohl von starken Aversionen bewegt werden. Etwa der einem Ressentiment gegenüber, das man in geselligen oder professionellen Situationen bei einem Gegenüber entdeckt. Diese Beobachtung setzt keine Nietzsche-Lektüre voraus. Viel einfacher kann man das Ressentiment diagnostizieren als eine der widerwärtigsten menschlichen Eigenschaften, abstoßender als kriminelle Absichten und Taten aus reiner Rache oder Besitzgier.

Wenn man etwa im Universitätsbetrieb zu Hause ist, sieht man sich häufiger konfrontiert mit Personen, die man als mit Ressentiment ausgestattete wahrnehmen könnte. Das liegt eben daran, dass man sich hier innerhalb eines bestimmten kulturell-agonalen Systems bewegt. Solche Personen sind letztlich zu selbstbewusst, zu selbstsicher in ihrer politisch-ideologischen Ideenwelt, als dass ihre Gefühle einem selbst gegenüber Anlass bieten sollten, lange darüber nachzudenken – auch wenn man deutlich genug mitbekommt, dass sie einen nicht mögen. Das nicht mögen, was man sagt und schreibt. Doch hat das Nicht-gemocht-Werden, sofern es dabei um aktuell diskutierte oder hochgehängte Themen geht, gewisse Konsequenzen. Etwa die, keine Einladungen zu Veranstaltungen zu erhalten, auf denen ein Haufen solcher Leute zusammenkommt, oder dass aus Gründen des Takts an sich interessante Themen vermieden werden. Das aber ist akademischer Alltag, irgendwie akzeptabel, besonders für jemanden, der über lange Zeitstrecken privat nicht im Land seiner universitären Verpflichtungen lebt.

Mit dem Ressentiment, von dem hier die Rede sein soll, verhält es sich jedoch ganz anders. Wenn man die Repräsentanten dieser Empfindung einmal erlebt hat, dann vergisst man sie nicht mehr: als Inkarnation einer Obsession, die sie antreibt. Vor allem zwei von ihnen sind in meinem Bewusstsein lebendig geblieben. Ihr vom Ressentiment vergiftetes Reden hatte das Kaliber ihrer eigenen obsessiven Persönlichkeit. Es handelt sich dabei um ein Ausdrucksphänomen, das nicht bloß vom Inhalt der Rede bestimmt wird. Nietzsche hatte behauptet, dass die Widerwärtigkeit des Ressentiments häufig von einer bestimmten Sorte physischer Hässlichkeit begleitet werde, insbesondere dann, wenn der Ressentimentbeladene mit Wichtigkeitsanspruch auftrete. Vielleicht aber sahen die von mir ins Auge Gefassten – vor allem der eine – in ihrer Jugend ganz gut aus, oder das nunmehr Abstoßende – aber es geht hier ja nicht um einen Schönheitswettbewerb – war damals durch lange Haare und eine Bartfülle verdeckt.

Worin bestand nun dieses Abstoßende, schon bevor man es als Ressentiment ausmachte? Von Beginn an zeigte es sich in der Verbindung von Unsicherheit und Arroganz, aus der sich eine irgendwie schmierige Mischung einerseits ins Weinerliche, andererseits ins Anmaßende ergab, die sich in den Gesichtszügen widerspiegelte. Und das, obwohl der eine von beiden, unser erstes Beispiel, zweifellos intelligent war. Er hatte das in seiner Tätigkeit längst bewiesen, und man hätte von daher nicht erklären können, woher seine Überheblichkeit und Unsicherheit rührten. Es war nicht einfach die Unsicherheit wegen eines verschwiegenen Defizits. Unsicherheit ist kein Ressentiment, wenngleich sie sich ins Ressentiment entladen kann.

Die Unsicherheit hatte sich bei diesem Alleskenner in einen Anspruch verwandelt. Oder in die Wut darüber, dass diesem Anspruch nicht sichtbar Anerkennung entgegengebracht wurde. Ich glaube nicht, dass er ein Ressentiment insbesondere mir gegenüber entwickelte. Schon deshalb nicht, weil meine Art zu denken und zu schreiben von ihm gar nicht wirklich wahrgenommen, sondern auf lakonische Art als etwas Fremdes hingenommen wurde. Der Umstand aber, dass er von Leuten, auf die es ankam, häufig übersehen wurde, brachte ihn dazu, in zuweilen obszöner Weise von ihnen zu sprechen, sie zu beschreiben. Obszön nicht im sexuellen Sinne, doch metaphorisch. So sehr, dass man es ihm untersagen musste. Und er gehorchte. Die sexualisierte direkte Rede stellte sich bei ihm vor allem dann ein, wenn er von Frauen sprach. Deshalb hatte sich seine Frau, eine Französin, von ihm getrennt. Sie war ganz plötzlich und ohne jede Vorbereitung vom Besuch bei einer Freundin nicht mehr zu ihm nach Hause zurückgekehrt. Kennengelernt hatte er sie, als er Lektor in einem der deutschen Institute in Frankreich war, und dann rasch geheiratet. Obwohl er die Franzosen nicht mochte. Ihm kam die Weise, wie sie sprachen, manieriert vor. Überhaupt die Romanen! Auch die Italiener und die Spanier mochte er nicht. Er kam aus Westfalen. Dort sei man, wie er betonte, einfach. Seine Eltern waren tot. Zu seinem Bruder hatte er keinen Kontakt mehr. Als er, gerade in Paris angekommen, aus der Gare du Nord herausgetreten sei, habe sein Gesicht einen bedrückten, unsteten Ausdruck angenommen, so später jener, der ihn abgeholt hatte. Ja, die Welt und die anderen schienen für diesen kleinbürgerlichen, aber hochbegabten Menschen eine Bedrohung, für die er sich ständig rächen musste. War er schon von Anfang an so hässlich, oder war er erst durch sein Ressentiment hässlich geworden? Seine Hässlichkeit war keine, die den üblichen Kriterien entsprochen hätte, nichts Entstelltes, nichts Komisches. Nein, es war die abgrundtief abstoßende, verklebte Unsicherheit, verkleidet mit Arroganz. Die Augen, der Mund, das Kinn, alles inzwischen schon im sich ansetzenden Fett eingebettet. Er kochte gerne.

Die zweite Figur wiederum war voll lexikalischen Bescheidwissens, geradezu das Gegenteil des ersten Typus: kein quälendes, durchaus berechtigtes Selbstbewusstsein der eigenen Intelligenz, die nicht auf entsprechende Anerkennung trifft, sondern umgekehrt ein exklusives Wissen darum, das sich in fast jedem Gespräch entsprechend breitmachte. Von diesem erfüllt, konnte er kaum ruhig sprechen. Dabei sah er stets bescheiden aus, nicht hässlich, sondern brav wie ein guter Schüler. Ein guter Schüler war er auch geblieben. Einer, der so viel wusste wie keiner der anderen. Woher dann aber das Ressentiment? Zunächst fiel seine nicht befriedigte Eitelkeit auf. Dabei gilt es hervorzuheben, dass das, was er geschrieben hatte – darunter einen intellektuellen Schlager –, bei vielen Beachtung gefunden, er seit geraumer Zeit eine Clique um sich versammelt hatte und bildungsbewusste Politiker ihn zum Gespräch einluden. Seine Begabung war vielseitig. Das wurde anerkannt. Insofern kommt man mit der Erklärung, seine Eitelkeit hätte keine Nahrung gefunden, letztlich nicht weit. Vielmehr scheint das Ressentiment dieses blassen Klassenprimus ein Ressentiment gegen die Welt insgesamt, dabei politisch unterfüttert, auch wenn er kein radikaler Linker war. Was heißt das nun aber? Man könnte in dieser Welt doch leben, ohne von ihren moralischen, politischen und geistigen Abgründen erregt zu werden. Es gibt eine ganze Reihe von begabten Wissenschaftlern, Künstlern und Schriftstellern – eben die nichtengagierten –, die genau das tun. Unser zweiter Typ hingegen lag geradezu auf der Lauer, seine kritische Diagnose des ganzen Kosmos an den Mann zu bringen. Und sobald er sich darin nicht so, wie es ihm vorschwebte, entfalten konnte, entwickelte er a priori ein das Gegenüber verdächtigendes Bewusstsein.

Darin liegt wohlverstanden kein Zorn, denn dazu gehört etwas, das der vom Ressentiment Getriebene gerade nicht aufbringt: Die Griechen nannten es »thymos«, die aggressive Erregung des Selbstbewusstseins, wobei auch Hass ins Spiel kommen kann. Wenn Achill gegen Agamemnon das Schwert ziehen will, kommt diese Regung nicht aus einem Ressentiment, obwohl er den ihm übergeordneten griechischen Heerführer noch nie gemocht hat. Nein, es ist die schiere Wut, die sich Raum verschaffen will – wegen einer Frau.

Unser Ressentiment-Mann ließ so etwas nicht erkennen. Er verfügte nicht über den Thymos. Statt dessen blieb er immer ruhig, wenn er seine von dem Verdacht, nicht deutlich genug verstanden worden zu sein, malträtierte Seele mit dem Öl des Ressentiments salbte. Beständig blieb er in solch einem Verdacht stecken.

Die Schilderung dieses Typs könnte auf eine Beschreibung der kulturkritischen deutschen Linken überhaupt hinauslaufen. Wenn etwas an ihr denjenigen, die nicht zu ihr gehören – häufig Reaktionäre genannt –, besonders auf die Nerven geht, dann ist es ja dieser verkappte Verdacht! Solange dieser Verdacht wie bei vielen Linksintellektuellen elitär bleibt, kann man ihn ironisch zur Kenntnis nehmen. Sobald er aber verzweifelt-denunziatorisch wird, kippt er um in die

Hilflosigkeit des Ressentiments. Diese Art von Besessenheit unterscheidet sich von der zuerst genannten darin, dass sie, ideologisch gefestigt, ihr unschönes Gesicht verbirgt. Seltsam, es gibt ein Ressentiment, das letztlich sogar ohne einen bestimmten Grund auszukommen scheint; anstelle dessen hat es den einzigen, den ganz großen Grund.

Als ich im Göttingen der fünfziger Jahre mein Studium fortsetzte, hatte mir auf der Zimmersuche bei Wirtinnen, die an Studenten vermieteten, ein Kommilitone die Tür aufgemacht und etwas gesagt, was nicht zu verstehen war. Er schien pingelig Abstand zu der Art nehmen zu wollen, wie ich, der Quartiersuchende, meinen Wunsch äußerte. Als ob von mir eine Vorschrift nicht beachtet worden wäre. Der Pingelige merkte, dass der Besucher, der ja noch nicht dazugehörte, ihn nicht verstanden hatte. Er war beleidigt und schloss die Tür seines winzigen Zimmers. Damals stand das Wort »kleinbürgerlich« noch nicht zu Gebote in der Sprache eines Studenten. Aber das genau war es, was diese Vermischung von Prinzipienstrenge und unsicherem Schweigen darstellte.

Er kam dann noch einmal aus seiner Kammer heraus und ging, ohne ein Wort zu sagen, die Treppe hinunter. Er hatte sich umgezogen, wahrscheinlich, um in eine Vorlesung zu gehen. Das runde Gesicht steckte jetzt in einem hohen Kragen mit darum gewundener und darunter herabfallender Krawatte. Seine Fakultät hatte er nicht erwähnt, obwohl er wusste, was der Quartiersuchende studierte. Es gab offenbar eine noch nicht okkupierte Kammer – es waren alles eher Kammern als Zimmer –, deretwegen ich die Wirtinnen hätte fragen können. Aber die Atmosphäre während der wenigen Minuten im Treppenhaus hatte sich mir aufs Gemüt gelegt: Was hatte dieser gleichaltrige Student eigentlich an mir aus-

zusetzen gehabt? Dass ich so umstandslos bei ihm ange-
klopft und um Auskunft gebeten hatte? Oder war es nur eine Art Schüchternheit, vor dem eigenen Zimmer mit einem
Wildfremden konfrontiert zu werden? Eines war klar: Der
Schüchterne mochte den Anklopfer nicht, schon vom Ansehen her nicht, und das, ohne ihn zu kennen. Er wollte wohl
nicht, dass so jemand in einem Zimmer neben ihm wohnen
würde, und hatte ja auch erreicht, dass der Zimmersucher
keine Idee mehr daran verschwendete, dort zu wohnen. Das
Ressentiment – man kann es ebenfalls hier so benennen –
war auch als ein Vorbehalt gegen die fremde Welt zu sehen.
Man könnte in ihm die Abwesenheit von Freiheitlichkeit erkennen. Der regelbeflissene Student wirkte wie ein Gehor-
samsvorbild, als Musterschüler der Regel, der sich von ver-
mutbarer Regellosigkeit provoziert fühlte.

Nicht jede Regellosigkeit ist sympathisch, auch wenn
sie sich gegen den sogenannten Spießer, die Idealfigur des
Ressentimentgeladenen, richtet. »Spießbürger«, später zu
»Spießer« verkürzt, war ursprünglich ein im deutschen Stu-
dentenjargon des 17. Jahrhunderts auftretendes Wort. Es war
die treffende Bezeichnung für Leute mit Ressentiment, gerade auch weil die Bedeutung des Wortes seinem Wortlaut
nicht zu entnehmen war. Es richtete sich gegen die Bürger der
meist kleinen deutschen Universitätsstädte, eben Göttingen,
Heidelberg oder auch Marburg, die dem lauten Treiben der
Studenten entgegentraten, es per Polizei gar verbieten wollten. Besonders wild trieben es dabei die Corps-Studenten der
adligen Verbindungen. Noch in den fünfziger Jahren ging es
im Haus des berühmten Göttinger Corps, beim Corps Saxo-
nia, wüst zu. Die Söhne alter, meist norddeutscher Familien
überboten sich in extremem Benehmen: Sie tranken enorme
Mengen Bier, sangen obszöne Lieder und warfen Flaschen

gegen die Wandgemälde, auf denen erlauchte Ahnen zu sehen waren. Etwas verwerflich, etwas fragwürdig zwar, aber zweifellos nicht spießig, nicht kleinbürgerlich. Oder wie auch sonst die sie umtreibenden Emotionen zu charakterisieren wären. Vor allem aber: Hier gab es kein Ressentiment. Die meisten studierten Jura, einige auch Medizin.

Dass der Student aus der kleinen Kammer viele seinesgleichen in Göttingen hatte, wurde mir erst allmählich bewusst. Darüber war mit einem der Freunde, einem Jurastudenten, im Café am Markt zu sprechen. Zunächst zeigte es sich im beflissenen Benehmen einiger Germanistikstudenten im Lesesaal der Universitätsbibliothek. Beflissen? Nun ja, vielleicht war es ungerecht, das so zu sagen. Man traute ihnen jedenfalls nichts Zweideutiges, Unerlaubtes, geschweige denn Skandalöses zu. Das war noch fünfzehn Jahre vor der Studentenrevolution, bei der eine Reihe dieser Beflissenen, wären sie nicht längst in Lehre und Journalistenberuf gelandet gewesen, mitgemacht hätten. Ihr Moralbewusstsein hätte ihnen hier die Unruhe vorgeschrieben.

Es war ihre Devotion vor dem Wissen. Ja, Devotion. Natürlich gleichzeitig auch vor den Professoren: Ahnte man damals, dass sich dahinter ein Ethos ausbilden würde, das verletzbar war durch entgegengesetzte Mentalitäten, seien es solche, die diesen Idealismus gar nicht zur Kenntnis nahmen, oder solche, die ihn komisch fanden. Da brütete etwas vor sich hin. Rilke zu lesen wurde ein religiöser Akt. Dagegen waren ökonomische Kenntnisse ein Sakrileg wider den »Geist«. Auch hier bereitete sich bei den von Schöngeistigkeit Geprägten eine auf der Lauer liegende Abneigung gegen die Gutverdienenden vor, die schließlich in etwas Unerquickliches umschlagen sollte. Ressentiment?

Gut kann man daran erkennen, inwiefern sich Ressentiment von Zorn unterscheidet. Ressentiment ist ja ursprünglich ein anglonormannisches und französisches Wort, dem die in manchen Wörterbüchern angegebenen deutschen Entsprechungen wie »Groll« und »Rachegefühl« nicht wirklich entsprechen. Die im Duden angebotenen Charakterisierungen fassen es besser: »heimlicher, stiller Groll«, »ohnmächtiger Hass«, »Neid«. Im Französischen impliziert das Wort eine soziale Reaktion, die gegen ein gefühltes oder begangenes Unrecht gerichtete Erwiderung: »resentir«.

Berühmt wurde dieser Dünkel in der literarischen Darstellung von George Eliots Roman *Middlemarch* (1871/72): in Gestalt des ehrgeizigen Philologen Casaubon als Gegentypus zum unbekümmerten romantischen Bohemien Ladislaw. Casaubon ist die harmlose Variante von Molières Tartuffe, dessen Ehrgeiz gefährlich wird durch das ihn anfeuernde Ressentiment. Wieso aber ist die notorische Bezeichnung im Deutschen nur als Lehnwort geläufig? Als einfaches, kurzes Verb wie »resentir« überhaupt nicht vorrätig? Es hat mit dem weniger ausgeprägten Bewusstsein der deutschen Sprache für gesellschaftliche Beziehungen zu tun, mit der geringeren Bedeutung gesellschaftlicher Konkurrenz überhaupt. Dadurch bekommt dieses Wort im Deutschen aber auch eine unerquickliche Tiefendimension. Denn wo es vornehmlich nur als innere Obsession auftritt, nicht spezifisch gesellschaftlich geprägt ist, fließt ein besonderes Gift hinein. Dieses Gefühl kann ganz ohne solche Begriffe wie Gereiztheit etc. auskommen. Es genügt, dass der Ressentimentbehaftete unter einem Druck gebeugt geht, den er nicht los wird. Und deshalb begegnet er jemandem, der solchen Druck nicht zeigt, nicht nur mit Misstrauen, sondern mit einem Zwang, sich überlegen zu dünken.

Im akademischen Milieu ist der Dünkel überall zu entdecken. Das war am Beispiel der beiden anmaßenden Intellektuellen zu sehen. Das Wort »Gift« ist dabei nachzutragen, nachdem man die weniger aggressiven Formen des Ressentiments bei Akademikern, die sich hohen Erwartungen verpflichtet haben, davon unterschieden hat. Die Giftigkeit ist das eigentlich Erschreckende, sobald man es buchstäblich vorfindet: eben in Ideen und im Verhalten von ehrgeizigen, aufwärtsstrebenden Intellektuellen.

Wahrscheinlich ist aufgrund von Nietzsches Beschreibung das Ressentiment so attraktiv geworden für soziopsychologische Unterscheidungen. Denn während Nietzsche das Ressentiment zunächst auf nichts anderes bezog als auf den gesellschaftlich und charakterlich Unterlegenen in seinem Verhalten gegenüber der Elite, ist dort die Rede von Intellektuellen und Geisteswissenschaftlern überhaupt, sozusagen von jenen, die Nietzsche die »Priester«-Kaste nannte. Aber von dieser kulturkritischen Perspektive, von dieser Höhe, ist das zeitgenössische Ressentiment heruntergefallen, wie auch die französische Anwendung des Wortes »Ressentiment« selbst. Schließlich handelte es sich ursprünglich um ein Wort für die Empfindlichkeit der Aristokratie, sobald der in seiner Ehre Beleidigte im »Ressentiment«, der Wiedererinnerung an eine Beleidigung, den Auftakt und Auftrag zur Rache verspürte.

Im 16. Jahrhundert tauchte das Wort in diesem Sinn in den *Essais* Montaignes auf, um später zum niedrigen Gefühl zu verfallen: So wurde den Deutschen von französischen Schriftstellern im 19. Jahrhundert das Ressentiment gegen Frankreich als »Hass« des kulturell Unterlegenen ausgelegt. Sowohl in Flauberts Briefen als auch in Zolas Roman *La débâcle* tauchen gleichlautende Sätze über den preußisch-deutschen Kriegsgegner von 1870/71 auf, der Frankreich hasse, weil es so schön sei. Das ist etwas anderes als das »Ressentiment« des Aristokraten, der eine zurückliegende Beleidigung rächen muss. Es ist auch etwas anderes als der von Nietzsche diagnostizierte Hass des Christen auf die römische Aristokratie. In beiden Fällen fordert der Hass als Ressentiment den zum Gegner Erklärten in die Schranken.

Eben das vermisst man, wenn man mit unserem ersten und zweiten Typ des Ressentiments konfrontiert ist, ganz zu schweigen von den unauffälligen, vom Ressentiment belasteten Philologen. Wenn man an die ursprüngliche französische Bedeutung des Wortes denkt, versteht man genau, warum die vom Ressentiment Verklemmten von heute so besonders widerwärtig sind: Unser erster Typ wird dann noch erkennbarer in seinem schleichenden Schritt zu jener in Demut verkappten Wut. Als er darum barmte, dass man sich duzen möge – jeder duzt jeden seit damals –, und man nicht darauf einging, welch ein Unglück! Die Ablehnung des Du hatte ihm bis zu Tränen zugesetzt. Danach strömte er manchmal etwas Unheimliches, ja Gefährliches aus, bevor sein Ressentiment-Charakter offenbar und eindeutig wurde. Das hässlich gewordene Gesicht war dann nicht mehr bloß hässlich, es nahm die Maske des kranken Mörders im Film an: Das Traurig-Selbstquälerische enthielt in sich die Lust, andere zu quälen. Darin lag irgendwo und irgendwie auch etwas Originelles, eine Tiefendimension, die man besser nicht auslotete. Aber hasste man ihn deswegen, verspürte man ihm gegenüber deshalb einen vergleichbaren Groll? Nein, das war es nicht. Vielmehr war es Abstoßung bis hin zur Verachtung, ein Urteil, das ruhig bei sich selbst blieb. Doch auch Mitleid schwang da mit. Mitleid mit seiner Unsicherheit in der Welt und seiner gleichzeitigen Anmaßung. Es musste, das war klar, mit seiner Kindheit zu tun haben.

Immer wieder betonte er das Kleinbürgerliche seiner Herkunft. Warum? Viele im intellektuellen Milieu hatten doch einen solchen Hintergrund, ohne darunter zu leiden.

Von dieser Art Abgründigkeit hatte das Ressentiment unseres zweiten Typus nichts. Er war vielmehr in permanenter Aktion, um aus seinem Ressentiment Selbstgewissheit zu schöpfen. Ihm fehlte die Sensibilität des Filmmörders. Dieser Mangel machte das In-Szene-Setzen seiner von ihm für ein Novum gehaltenen Behauptungen so peinlich unerträglich. Dieses permanente Schnappen nach Befriedigung des Ehrgeizes. Auch in seinen Gesellschaftsnotizen, in denen er Menschen als »Ratten« bezeichnete. Gleichzeitig war er immer auf dem Fluchtweg, auf der Lauer, andere zu benennen, nicht ertappt zu werden, sich objektiv zu geben, in Sorge, seine Worte könnten »missverstanden« werden. Dieses Liebedienerische bei seiner Polemik war die Inkarnation des Schleimigen. Älter und erfahrener geworden, hatte er es schließlich dazu gebracht, sich eine Clique zu erziehen. Sein Ressentiment gipfelte jetzt in der ihn befriedigenden und gleichzeitig beunruhigenden Annahme, dass nur er in der Lage sei, das Richtige zu sagen, nur er das Richtige jeweils auf Lager hatte.

Wenn man die Unterfütterung solcher Anspruchsmentalität durch Ressentiment nicht durchschauen würde, könnte man ein solches Verhalten schlicht und einfach als intellektuelle Selbstgewissheit missverstehen. Darin könnten wir jene professorengläubigen Philologiestudenten wiedererkennen, sobald diese älter geworden sind. Bei ihnen wird der gesellschaftliche Hintergrund dieses Ausdrucksphänomens deutlich. An Universitäten außerhalb Deutschlands, in England, früher auch in Russland, hat sich bei Studenten seit langem bekanntlich eine gewisse Allüre des Redens herausgebildet: Es gilt zu überraschen, man hält keine Vorträge, sondern versucht sich in Pointen, in extravaganten, farbigen, persönlichen Storys, bei denen eitle Mätzchen nie fehlen. Eigentlich steht das ernste Studium im Kontrast zu dieser extravaganten Auftrittserwartung. Sie ist kennzeichnend für eine Oberschicht. Der deutsche Philologiestudent, von dem die Rede war – die deutsche Version von Nietzsches »Priester« –, stammt oder stammte aber eher aus der Mitte bzw. unteren Mittelklasse.

Nicht, dass es das billige Ressentiment nicht überall gäbe! Aber wo es machtpolitischen und gesellschaftlichen Motiven entspringt, sieht es anders aus als bei den rein intellektuellen. Die machen es, wie beschrieben, noch unerträglicher. Es ließe sich ein Theaterstück daraus zimmern mit dem Titel »Die Ehrgeizigen«. Dass der Ehrgeiz einen seichten Anlass hat, sollte der Titel noch nicht verraten, das sollte die Handlung erst allmählich zeigen.

Noch einmal gefragt: Warum ist dieses Gefühl zwischen Hass und Empörung so besonders widerwärtig? Wahrscheinlich, weil es sich nicht direkt ausspricht, sondern lediglich verkniffen. Das Widerwärtige kommt aus der peinvollen Unsicherheit, dem Mangel an Mut. An beidem merkt man, wie weit verbreitet es ist. Auch dort, wo man nicht sofort von Ressentiment sprechen würde. Das Herausschleichen aus der Gare du Nord, voller Misstrauen gegenüber den Franzosen, und das Hineinschleichen in eine Debatte sind ja nur besonders auffällige Ausdrucksformen des einen psychischen Elends. Dem gegenüber kann es im Grunde keinen moralischen Vorwurf geben; der Widerwille ist ästhetischer Natur: Oh, nicht schon wieder diese Jammerlappen! Daraus spricht dann zwar nicht Nietzsches »blonde Bestie«, aber doch die Verachtung einer neuen »Priester«-Kaste.

Zuletzt noch die Frage: Steckte in Nietzsches Aversion gegen den »Priester«, in seiner Aggressivität gegenüber der »Moral« nicht selbst ein Ressentiment? Wahrscheinlich ist diese verführerische Frage längst gestellt worden. Folgt man dem hier Gesagten, lautet die Antwort aber, vielleicht nicht zu jedermanns Beruhigung: nein!

Freundschaften, so oder so

Das ist mein Freund, so sagt man, um jemanden zu charakterisieren, den der andere nicht kennt. Dann hat dieser eine Spur von Ahnung. Aber wie hat man den Freund mit diesem Wort charakterisiert? »Freund« ist im Deutschen ein nachdrückliches Wort. In dem berühmten und bis heute bekannten Schlager aus dem Film *Die Drei von der Tankstelle* mit Heinz Rühmann und Willy Fritsch heißt es – sozusagen als die harmlose Fassung des Bekenntnisses: »Ein Freund, ein guter Freund, / Das ist das Schönste, was es gibt auf der Welt. / Ein Freund bleibt immer Freund, / Und wenn die ganze Welt zusammenfällt.« (Immerhin, die Vorstellung vom Zusammenfallen der Welt, die notorisch aufkam in Liedern nach 1939, gab es bereits beim Erscheinen des Films neun Jahre zuvor.) Der Freund, die Freundschaft überlebt alles, im Unterschied zu Liebschaften, wie es im Lied dann weiter heißt. Ist der deutsche Freund demnach also etwas Stärkeres, Innerlicheres als der »ami«, der ja vornehmlich eine erotische Qualität besitzt? Heißt es doch in einem ebenso berühmten Schlager: »Du hast Glück bei den Frau'n, Bel Ami! / So viel Glück bei den Frau'n, Bel Ami! / Bist nicht schön, doch charmant, / Bist nicht klug, doch sehr galant, / Bist kein Held, / nur ein Mann, der gefällt.«

Auf sprachlich raffiniertere Weise kann man den Oberflächenmann kaum ansingen und auch nicht den angeblichen Vorzug, den Frauen ihm gewähren. Aber selbst ohne ein »bel ami« zu sein, hat der »ami« einen anderen, leichteren Klang als der »Freund«, allein schon deshalb, weil es ein französisches Wort ist. Das heißt jedoch nicht, dass Freundschaften in Frankreich weniger zählen würden. Vielleicht ist sogar das Gegenteil der Fall. Weil die Mentalität der Selbstachtung dort sehr viel stärker ist und deshalb die Freundschaftserklärung eine Gabe. Man wird dort ja auch nur sehr selten in die private Wohnung eingeladen. Häufiger trifft man sich im Restaurant.

Dennoch, der deutsche Freund besitzt selbst in der Hochliteratur ein besonderes Kaliber. So ist etwa das Wort »Zurück! du rettest den Freund nicht mehr, / So rette das eigene Leben!« aus Schillers Ballade ins Unterbewusstsein des Bildungsbürgertums eingesunken. Allerdings – trotz des großartigen Sinns dieses Dichters für das Theatralische – wird das geflügelte Wort am Ende durch Sentimentalität fast ruiniert. Eine Freundschaft wie die in der »Bürgschaft« geschilderte duldet keinen Dritten, am wenigsten einen »im Bunde«, sei er nun Tyrann oder nicht.

Auch unsere Freundschaften sind immer Zweierfreundschaften, manchmal ewig, manchmal epochal, häufig von Jugend an, oft erst spät. Besonders die Jugendfreundschaft kann ewig währen. Warum? Sie gräbt sich ein in einer Lebensphase, in der Sympathie ein besonders emotionales Echo bekommt. Vor allem dann, wenn man sich im gemeinsamen Interesse für geistig-künstlerische Themen trifft, die man aber noch nicht intellektuell nennen kann. Die Kinderfreundschaft bricht demgegenüber meist durch einen Wechsel der Schule oder durch ganz unterschiedliche Interessen jäh ab. Was die Jugendfreundschaft – einsetzend im vierzehnten oder fünfzehnten Lebensjahr – so stark, ja beinahe unverbrüchlich machen kann, ist die Konsequenz der Übereinstimmung bei gemeinsamen Gesprächen über Themen, die im Unterricht entwickelt oder miteinander gefunden werden. Wobei eine weitere Bedingung bei jeder Art von Freundschaft nicht zu vergessen wäre: Dass die Erscheinung des anderen anziehend, nicht bloß sympathisch ist. Anziehend nicht im schieren Sinne eines attraktiven Äußeren, wie das bei erotischen Beziehungen ausschlaggebend ist. Aber doch als ein sinnlicher Wahrnehmungsimpuls: Sei es, dass die Augen im Gesicht des anderen wie Suchantennen wirken, die etwas gefunden haben. Oder dass der Mund Festigkeit ausdrückt oder einen Sinn für Komisches verbirgt. Entscheidend ist, dass die Gespräche, in denen man sich lange verlieren kann, eine Tiefenwirkung mit sich bringen, über die man sich – im Unterschied zu anderen Gesprächen – einander verbunden fühlt.

Diese Verbindung erscheint dann als ein Bündnis fürs Leben, denn in diesem Alter wirken gemeinsame Entdeckungsreisen durch moralische oder literarisch-künstlerische Themen identifikatorisch. Es gab keinen anderen, den man gefragt hätte, ob Klytämnestra oder Agamemnon der anziehendere oder abstoßendere Charakter sei. Das ist eine sehr jugendliche Frage, deren Beantwortung im Grunde noch nichts entscheidet. In Abitursnähe fällt die Frage nach »Raskolnikow« oder dem »Idioten«, überhaupt die Frage, ob man sich für Dostojewski interessiere, für die Freundschaft schon weit mehr ins Gewicht. Auch Filme, wenn sie etwas anderes sind als Unterhaltungs- oder Liebesfilme. Aber spricht man denn nicht über Mädchen? Wenn einem eine so ins Auge sticht, dass das eintritt, was man »verliebt sein« nennt – das passiert ja durchaus im Alter von fünfzehn Jahren oder sogar früher –, dann schweigt man wohl zunächst darüber. Aber das ist nicht der Bindestoff der gemeinsamen geistigen Expeditionen, die darauf angelegt sind, lange zu währen. Dabei wiederholt man sich dann auch nicht, man vertraut sich andauernd. Kaum überraschend im weiteren Verlauf der Freundschaft die Übereinstimmung bei neuen Themen: Wenn man sich im Bundestag in Bonn die Reden von Carlo Schmid, Wehner und selbst Kiesinger gemeinsam angehört und seinen Senf dazugegeben hat.

Dabei kann die Schulzeit, in der Jugendliche sich kennenlernen, indirekt immer wieder durchkommen. Das zeigt sich dann, wenn man plötzlich gemeinsam über ein Wort, einen Satz oder Begriff lachen muss: Man weiß, dass der andere die gleiche Assoziation hat. Eine hierfür charakteristische Situation aus der Schulzeit: Zwei hatten damals – auf den Umschlag einer französischen Jugendgeschichte mit dem Titel *Poil de carotte* blickend – vom sommersprossigen Anblick des rothaarigen Helden den gleichen Eindruck: Da war etwas ganz Besonderes, etwas, das anders war als bei anderen Jungen. Bei der Erkenntnis, dass man Ähnliches dachte, war einem etwas peinlich zumute, gleichzeitig aber stellte sich die empfindsame Gewissheit einer Gemeinsamkeit ein. Identifizierten sie sich mit dem Gesichtsausdruck des eigenartigen Titelhelden? Sie sprachen nach der Unterrichtsstunde nicht darüber. Erst viel später erzählten sie sich manchmal von diesem Augenblick. Genauer: Sie fragten einander, wie sie ihn erinnerten und was ihre ähnliche Reaktion auf das Karottengesicht eigentlich verborgen hatte.

In dem Fall, von dem hier die Rede ist, ging das Studieren in auseinanderliegende Richtungen, ohne dass dies ihre Freundschaft verringert hätte. Der eine studierte Geisteswissenschaften, also Philosophie, Geschichte und Germanistik, der andere Nationalökonomie und Politik. Der eine schrieb eine Arbeit über frühromantische Motive, der andere über Marx' Staatsbegriff. An derselben Universität, bei sehr unterschiedlichen Professoren. Die unterschiedliche

Thematik des Studiums animierte dabei eher die selbstverständlich gewordenen Übereinkünfte und Stimmungen und variierte sie, ohne dass sie davon abkamen. Wichtig auch die gemeinsame Fahrt nach Paris, wo der Freund schon mehrfach gewesen war. Gemeinsam entdeckte man den Existentialismus, von dem sie kurz vor dem Abitur gehört und sich einige Motive gemerkt hatten, für sie von Bedeutung, obwohl diese Bewegung schon von einer neuen intellektuellen Mode überholt wurde. In den Gärten der Tuilerien oder auf dem Boulevard Saint-Germain hatte sie die Erinnerung noch einmal eingeholt, weil irgendwas an den steinernen Figuren des einstigen Schlossparks und an den Namen der beiden intellektuellen Cafés daran denken ließ. Und die Revolution! Natürlich. Wer zum ersten Mal nach Paris kommt und zumindest ein wenig von der Geschichte der Stadt weiß, kann gar nicht anders als an sie denken! Das Gesicht Dantons an einer Statue am Odéon-Filmtheater! Und die einstige Vorstadt der Arbeiter, die direkt auf die Bastille zuführte. Der Freund hatte es jedoch nicht mit der Revolution, eher mit Bildern von Picasso und Otto Mueller. Es erst jetzt mit der Revolution zu tun zu haben schien dem Freund irgendwie als romantisch. Zu romantisch. Da trennten sich ihre Geister, um sich woanders um so stärker wieder zu verbinden.

Und diese Verbindung hielt dreißig Jahre. Dann passierte es. Mit einem Schlag. Der eine sagte etwas, das der andere nicht nur kritisch aufnahm, sondern das ihn befremdete. Und beide wussten, dass dies eine Entfremdung zur Folge haben würde. Denn die Befremdung war wiederum wegen eines romantischen Impulses aufgekommen, was zu einem kühlen, sehr kühlen gegenseitigen Abtasten führte. Es war das Ende der Freundschaft. Danach sahen sie sich nicht wieder. Warum aber eine solch radikale Konsequenz?

Eben weil die geistige Nähe der notwendige Nährboden des so langen Miteinanders gewesen war. Von *Poil de carotte* bis zur »Revolution«.

Universitätsfreundschaften, Studentenfreundschaften, mit zwanzig, zweiundzwanzig Jahren begonnen, sind anders. Sie entstehen ja unmittelbar während fachlicher Zusammenkünfte; das unterscheidet sie von der Gemeinsamkeit in einer Schulklasse. Es handelt sich dabei auch weniger um Freundschaften denn um Kumpaneien, die eine gemeinsame Universitätszeit nicht unbedingt überleben. Wenn der eine Kumpan in Jurisprudenz promoviert und Anwalt in Südamerika wird, der andere in Pädagogik sein Hauptexamen ablegt und schließlich einen entsprechenden Lehrstuhl an der Frankfurter Universität besetzt, dann ergibt sich die Trennung sowieso, entweder wegen der räumlichen oder wegen der intellektuellen Entfernung. Den Juristen erkannten alle als einen Womanizer, der jede Woche eine Neue aufgabelte. Nie war eine Studentin dabei. Aber diese Allüren behinderten ihre Freundschaft keine Spur, mit ihm konnte man im Café über die Universität, über Bildungspolitik und generell Politik interessant reden. Er hatte Einfälle und gleichzeitig ein wirkliches Urteilsvermögen. Vor allem drückte sich seine Sympathie in einer eminenten Hilfsbereitschaft in allen Dingen aus.

Der Pädagoge wiederum fand damals seine Lebensliebe, die er heiratete, die ihn dann aber herumstieß. Merkwürdig, denn er hatte immer so souverän gewirkt und dem Freund, da er älter war, notwendige Erklärungen für methodische Klimmzüge an der Universität gegeben. Nichtsdestoweniger war auch er ein richtiger Kumpan gewesen. Diese Kumpane kamen aber an seine Jugendfreundschaft, die zu diesem Zeitpunkt ja noch währte, nicht heran!

Es gab auch Cliquen junger Frauen und Männer, die mit allen Wassern der intellektuellen Saison gewaschen waren und sich daher ernsthaft aufeinander einließen, einschließlich der Bereitschaft zur sinnlichen Nähe, ohne dass sich diese unbedingt zu Liebschaften entwickelten. An diesen Cliquen war etwas dran, etwas Besonderes. Eine gewisse Ähnlichkeit mit den Beziehungskisten in den Filmen der *Nouvelle Vague*. Nicht dass man diese nachgeahmt hätte. Vielmehr schien sich da eine Gleichzeitigkeit, eine Nähe der Empfindungen und ihres Ausdrucks bemerkbar zu machen, die ihm erst später bewusst wurden. Die Figuren solcher Cliquen können voneinander sehr verschieden sein, von einer zukünftigen akademischen Größe über einen Tennisspieler und Verführer, eine intensive Seele bis hin zu einer frivolen Experimentiererin. Er selbst hatte für sie alle ein freischwebendes Interesse. Der Jugendfreund, am selben Universitätsort, blieb ohnehin der eigentliche Anker der abendlichen Gespräche mit viel Weißwein vom Oberrhein. Dafür reichte ihr Geld noch.

Später dann, während seiner Lehrtätigkeit an der Universität, bildeten sich unter Professoren selten bleibende Freundschaften heraus. Nicht dass es unter ihnen nicht überaus sympathische, vor allem einfallsreiche Menschen gegeben hätte! Aber sie waren vom Auftreten her eben vor allem Professoren, und das passte nicht in die Freundschaftserfahrungen, die er gemacht und gesucht hatte. Ausnahmen dazu gab es an amerikanischen Universitäten: Columbia, Chicago, Stanford, wo ein Typus existiert, bei dem Wissen verbunden ist mit Witz und der seminaristische Diskurs auch unmittelbar in sympathetische Szenen übergehen kann, die anders sind als die ihm aus der deutschen Universität bekannten. Nein, aus der deutschen Universität war für ihn kein Ersatzmann für Jugendfreundschaften zu holen, vielleicht weil die aufkommende Sympathie stets gebremst wurde durch akademische Konkurrenz. Nur wenn man als Fremder, als akademischer Pionier in die fremde Universität einzieht und keinen Verdacht auf sich lenkt, mehr zu wollen als die Einheimischen, lässt sich das vielleicht umgehen. Es entstehen aber Lebensfreundschaften mit Studenten! So mit jenem Paar, das im Hörsaal zusammenfand und das er nicht mehr vergaß wiederzusehen. Immer wieder. Also nach einem Jugendfreund doch fortdauernde Freundschaften, die Anlass sind, noch einmal zu fragen, was Freundschaft ausmacht.

Sprechen wir, von dem Studentenpaar absehend, von zwei Freunden, ohne zu sagen, von wann, von wo, und vor allem nicht, wer sie sind. Denken wir, sie wären für diese Thematik ausgedacht, theoretische Paradigmen. Das entscheidende Merkmal, das jede Freundschaft sichert, teilen sie. Den einen stelle man sich als Schriftsteller vor, Prosa und Lyrik, den anderen als Professor für Kunstgeschichte, ursprünglich mittelalterliche Kunst, neuerdings auch moderne. Diese beiden liefern klassische Beispiele, um etwas über erwachsene Männerfreundschaft, jedenfalls in ihrer entwikkelten Form, sagen zu können. Um so nachdrücklicher, als beide unterschiedliche Charaktere sind, völlig verschiedene Menschen. Gleichwohl ist ihnen die angedeutete, wichtige Eigenschaft gemein, die sie selbst wahrscheinlich zwar nicht sehen, die offenbar jedoch das allererste Merkmal, ja die Bedingung für eine wirkliche Freundschaft ist: Beide, so verschieden in Charakter und Begabung, sind in ihrer Verlässlichkeit vollkommen. Und das, obwohl beiden sogar eine spezifische Sprunghaftigkeit oder sagen wir besser: Unmittelbarkeit, Beweglichkeit der Einfälle und der Mitteilung zu eigen ist.

Die Verlässlichkeit, die bei dem Schriftsteller – vielleicht sollte man ihn sogar Dichter nennen – hervortritt, ist eine Verantwortlichkeit, die ihn fast wie eine Aura umgibt. Verantwortlichkeit sogar für die Handlungen des Freundes. Es ist eine genuine, abgesehen von seinen jungen Jahren, als er sich um literarische und intellektuelle Texte zu kümmern hatte, nicht beruflich vorgeschriebene Teilnahme. Seine Teilnahme ist sozusagen a priori privater Natur: die Begabung, immer bereit zu sein und einem, wie man sagt, aus der Patsche zu helfen, ein immer waches Organ für des anderen gute oder schlechte Situation zu haben. Es handelt sich offenbar um eine Art Beschützerinstinkt, als verbände sich in ihm der Schutz- mit dem Erzengel.

Des Kunsthistorikers Verlässlichkeit ist von anderer Art. Nicht um es interessanter zu machen, sei dies an den Anfang gestellt. Sie kommt, auch wenn er sich um viele Doktoranden zu kümmern hat, nicht aus dieser professionellen Erfahrung des Förderns. Schon bei der ersten zufälligen Begegnung fällt er sofort auf wegen seiner Anteilnahme an dem, was sein neuer »Bekannter«, der das nur für einige Tage bleiben wird, zu sagen hat. Und das, obwohl er selbst genug zu erzählen hätte. (Bei ihrem ersten Aufeinandertreffen hatte er sich gerade habilitiert.) Schon nach zwei Tagen des lebhaften Miteinander-Redens ist man befreundet, nein, einander Freund geworden. Denn in diesem Engagement im Gespräch ist bereits etwas spürbar: Dass da jemand sich verantwortlich fühlt für die Gemeinsamkeit des Argumentierens, für die Angemessenheit gefundener Antworten. Das zeigt sich dann auch in ganz anderen Situationen: wo psychologischer Beistand hilfreich ist. Etwa im Falle des Todes oder der Krankheit. Er ist zur Stelle und weiß, das Angemessene zu sagen oder nichts zu sagen. Seine Kapazität der

Zuwendung drückt er zuweilen auch komisch aus, in der Art und Weise, wie er dem Angereisten, dem neuen Freund, das kocht, was dieser besonders gern isst: Bratkartoffeln mit Fisch oder Spaghetti Bolognese. Das Einfachste vom Einfachen, mit großer Geste serviert.

Nun sind diese Sorten von Zuverlässigkeit natürlich nicht der Grund dafür, dass Freundschaften beginnen. Zumal man diese auch nicht vorausahnen kann. Es muss noch etwas anderes hinzukommen. Ist es Sympathie, die es selbstverständlich in sich hat, in Freundschaft verwandelt zu werden? Doch sind einem ja eine ganze Reihe von Leuten sympathisch, ohne dass sie Freunde würden. Was aber ist es dann? Darüber kann man lange nachdenken, ohne eine Antwort zu finden. In solchen Fällen sagt man: Es war eben so. An dieser Antwort ist vieles wahr: eben das Unerklärte, Unerklärbare vielleicht sogar. Aber eine Erklärung gibt es in den skizzierten Fällen doch: Der Schriftsteller und der Kunstkenner besitzen eine explosive Lebhaftigkeit, die nicht bloß als erhöhte Situationstemperatur daherkommt. Es handelt sich um eine seelische Intensität, eine Intensität der Seele. Man gebraucht das Wort »Seele« inzwischen selten. Es sei daher um so eindringlicher hier genannt!

Darüber hinaus ist das komische Element bei beiden von zentraler Bedeutung. Jeder, der auch nur einen von beiden kennt, weiß das, auch ohne mit ihnen befreundet zu sein. Der eine hat den Kopf voller absurden Geschichten, die er manchmal in ungewöhnliche, auch unheimliche Prosastükke verwandelt. Gleichzeitig aber tritt in Rede und Erzählung das extrem Komische auf. Der andere – vielleicht weil er österreichischer Herkunft ist – kann gar nicht anders, als ironische Pointen zu setzen. Aber nicht aus dem Ehrgeiz heraus, etwas Überraschendes zu sagen. Nie wirkt es aufgesetzt. Es ist seine reine Natur. Obwohl diese Ironie manchmal Schärfe besitzt, ist sie gleichzeitig liebenswürdig. Er ist fürs Liebenswürdige begabt! (Deshalb nannte ihn eine Freundin einmal den »mozartschen Menschen«.) Noch an den ernstesten Umständen findet er die komische Seite.

Doch auch das sind für gewöhnlich keine Freundschaftsgründe. In diesen Fällen aber eben doch. Es steckt in ihnen, in dieser Art intensiver Seelenverwandtschaft, eine umarmende Kameradschaft, eine Selbstverständlichkeit, Wichtiges gemeinsam zu erkennen. Darum fühlt man sich bei ihnen zu Hause. Ja, zu Hause.

So drängt sich der Eindruck auf: Wenn so die langjährigen Freunde sind, dann braucht es andere nicht. Dies hält jedoch trotzdem nicht davon ab, unter Jüngeren solche zu entdecken, die es werden könnten oder eigentlich schon sind. Da war vor allem jener, der durch seine altphilologischen Entdeckungen bzw. Theoreme von Beginn an für die faszinierenden Ideen sorgte, die nie eingekerkert blieben in einem universitären Bezirk, sondern ausgriffen auf die Potenz der Phantasie, selbst wenn sie methodisch kompliziert formuliert waren. Dieser Freund war vor vielen Jahren auf einem Bahnhof auf die Zeitlichkeit, nicht die Zeit, der griechischen Tragödie zu sprechen gekommen. Das schlug als Freundschaftsgeste blitzartig ein. Damit war er als einer ausgemacht, mit dem zu sprechen, mit dem gemeinsam in das einschlägige Thema einzudringen wichtig wurde. Von Beginn an zählte aber nicht nur die Vorstellungskraft im Blick auf antike Kulturen, besonders auf die griechische. Was zählte, war seine Vorstellungskraft als solche.

Die Jüngeren – auch irgendwie vom Fach – gingen einfach so in das Freundschaftsnetz, das nicht tatsächlich ausgeworfen und auch kein richtiges Netz war. Vielmehr ein Organ für das seltene Wort. Dabei kam, anders zwar als bei den Urfreunden, dem Dichter und dem Kunsthistoriker, erneut das Vermögen zu Witz und Komik zur Geltung. Vielleicht mehr auf einen absichtsvoll gekonnten Stil hinauswollend, einen Überfall von erfindungsreichen Worten bei dem einen, eine von Beispielen getränkte Nachdenklichkeit bei dem anderen. Jünger zu sein, damit taugte einer zwar zur Freundschaft, blieb aber auch noch im Trainingslager. Es musste sich dieses und jenes erst noch herausstellen, nicht zuletzt, was es für die Freundschaft bedeutete, dass aufgrund des Altersunterschieds die neu Hinzugewonnenen länger auf Erden wandeln würden.

Diese aktivierten Freundschaftspotentiale können Urfreundschaften nicht ihre Priorität nehmen. Schließlich spielt bei diesen eine eigentümliche, schwer erklärbare zusätzliche Anziehungskraft eine Rolle, schon allein deshalb, weil man weiß: Das sind sie! Man vollzieht, wenn man sich trifft, eine Art von Ritual. In ihm bestätigt sich das, was uranfänglich wichtig wurde. Dazu gehört immer auch etwas scheinbar Vordergründiges, etwa das Erlebthaben derselben Zeitepochen nach dem Krieg. (Der Kunsthistoriker sagt öfter, die Vertreter seiner Generation, 1949 geboren, seien im Gegensatz zu denen, die als Jungen Krieg und Nachkriegszeit erlebt hätten, »Weicheier«.) Überhaupt spielt das Zeitbewusstsein bei den älteren Freunden eine größere Rolle als bei den jüngeren.

Das Miteinander-Reden gehört selbst zum Ritual. Würde das nicht mehr funktionieren – und selbst in Fällen guter Bekanntschaften funktioniert es nicht immer –, wäre das Entscheidende der langen Zeit des Sich-Kennens, eben der Wiederholung, zum Opfer gefallen. Ganz anders bei dem Kunsthistoriker und dem Schriftsteller. Um sie nun doch noch ihres paradigmatischen Status zu entheben und in ihre Besonderheit zu überführen: Der Kunsthistoriker hatte von Beginn an Einsichten über Gemälde oder den Stil einer historischen Epoche auf Lager. Dabei handelt es sich nie um eine Bereitstellung von Wissensbeständen, auch nicht um etwas historisch Erklärendes. Es geht immer um Imagination und um unser Sehen. Damit hat sogar alles begonnen, nämlich als er seine geistesgeschichtliche Altlast, die Tradition seines Faches, über Bord gehen ließ und sich vornehmlich mit ästhetisch-formalen Erscheinungsformen auseinandersetzte. Was über Bord ging, waren auch die ideenimprägnierten Theorien von Beuys, was seinerzeit akademisch geradezu lebensgefährlich war. Noch mehr: seine Kritik an dessen weltanschaulichen Spekulationen und Konstruktionen. Die Spannung, die dabei zu Beginn entstand und immer wieder entsteht, wenn etwas im Gespräch schiefgehen könnte, blieb auch dann noch erhalten, als man sich der Urteile des anderen sicher sein konnte. Diese Gespräche hatten ja von Anfang an ein existentielles Element gehabt, das fortwährte. Bei unterschiedlichem Temperament hat die gemeinsame Freude am Gespräch an Sicherheit zugenommen – diese Freude, die notwendig ist für die Unabsehbarkeit des konzentrierten Miteinanders.

Der Schriftsteller wiederum liest nichts vor von dem, was er gerade geschrieben hat. Nicht privat. Er bedarf seiner niedergeschriebenen Einfälle gar nicht, um damit seine Umgebung, Besucher, vor allem aber Freunde zu unterhalten, die ihm zuhören. Es ist, als ob sie das, was ihm einfällt, von seinen Lippen lesen würden. Dabei kommt ihm der seine Prosa, aber auch seine Gedichte auszeichnende Bruch mit dem Absehbaren zupass, selbst wenn er über Vögel, Bäume oder die morgendliche Post im Briefkasten redet. Was er aber besonders gern tut: Er erzählt von anderen Schriftstellern, von den Berühmten und von den Begabten, die nicht so berühmt sind. Steht er mit so vielen in freundschaftlichem Verhältnis? Nein. Er ist aber enorm begabt für das Knacken harter Nüsse, das heißt für die Umwandlung von ihm zunächst ganz fremden Künstlern, Kollegen in Freunde. Das verdankt sich nicht bloß seiner Rede. Es verdankt sich dem schon genannten Engelhaften. Und das ist – es wurde noch nicht angemessen heryorgehoben – die Ursache für des Dichters ungewöhnlich anziehende Gestalt. Wahrscheinlich könnte man ihn den sympathischsten Mann seines Berufsstands nennen. Aber heißt das, die Freundschaft mit ihm sei nur ein Abfallprodukt des generellen Miteinander-sein-Wollens? Nein, im Gegenteil. Wirkliche Freunde hat er nur wenige, vielleicht nur drei. Wer das ist? Diejenigen, die den Schriftsteller kennen, können sich die wahrscheinlich an einer Hand abzählen, wobei sie die Finger vielleicht verwechseln.

Was also ist an Freundschaften dran? Unser Glück – neben anderen Gründen für das Glück. Jetzt müsste man bei den Römern nachlesen. Cicero sagt in *De amicitia* ja einiges dazu. Nicht alles. Vieles folgt der antiken Ethik, die für uns nicht mehr so verpflichtend ist wie noch vor einem Jahrhundert oder gar im 18. Jahrhundert. Michel de Montaigne, unter den französischen Philosophen der originellste, weil unsystematischste, erwähnt zwar Cicero, aber nicht diese Schrift. Im Unterschied zu den Moralisten des 17. Jahrhunderts, La Rochefoucauld und Vauvenargues, hat er etwas Ausschlaggebendes zu dieser Frage geschrieben. Dabei handelte es sich um nichts philosophisch Abgeleitetes, sondern – wenn man es so angemessen versteht – um etwas Selbstevidentes. Indem er nämlich Freundschaften im Sinne von Bekanntschaften von der wahren Freundschaft trennte, fand er den entscheidenden Satz: »Weil er es war, weil ich es war.« Zu erwähnen ist hier, dass er von einer »Verschmelzung der Seelen« spricht und davon, dass man sich suchte, noch ehe man sich gefunden hatte. Das klingt nach einem erotischen Element, ist jedoch etwas ganz anderes. Nicht aus moralischen, sondern aus psychologischen Gründen.

So selten ist diese Art zweckloser »Seelen«-Freundschaft im Unterschied zur homosexuellen Beziehung oder der Liebschaft mit Frauen, dass man mit Aristoteles sogar sagen könnte: »Es gibt keine Freunde.« Denn wenn man schließlich versucht, eine Art Definition der wahren Freundschaft zu finden, dann kann man sich der Hilfe solcher Denker, vor allem Montaignes, nicht entschlagen. Was an Montaignes Satz entscheidend ist, kann in dem vorher Gesagten gefunden und auf folgende Einsicht gebracht werden: Die Männerfreundschaft, die den Namen verdient, braucht noch immer genug von jener Affirmation, die zwischen Schulfreunden grundlegend ist, also das Naiv-Ursprüngliche. Das drückt sich etwa darin aus, sich nicht allein durch jene Unterhaltung fesseln zu lassen, wie sie bei – wenn auch anspruchsvollen – Nur-Bekanntschaften üblich ist. Vielmehr gibt es a priori etwas, das fesselt, ohne Fesseln anzulegen. Eine Freundschaft hat Ursachen, die man kennt, einander aber nicht nennt. Nicht nennen will oder nicht nennen kann. Die Präsenz des Freundes gibt stets den Ausschlag. Nicht das, was wir darüber denken.

Alleinsein im Zimmer

Um Städte schön, hässlich oder interessant zu finden, muss man sie durchstreifen. Nicht als Besucher, nicht als Reisender. Das nützt nichts. Man muss länger in ihnen leben. Die entgegengesetzte Erfahrung ist: Kaum sein Haus, seine Wohnung verlassen, es sei denn zum Einkaufen. Nicht ins Kino gehen, nicht ins Restaurant, auch nicht ins Theater. Allenfalls dann und wann ein Spaziergang. Sich also zu Hause wie in einer Festung einrichten und die Welt draußen aus dem Inneren heraus erkunden. Pascals Satz, der größte Irrtum der Menschen bestehe darin, es nicht allein in einem Zimmer sitzend auszuhalten, leuchtete ihm ein, lange bevor er die Absicht hatte, zumindest selbst diesen Irrtum nicht zu begehen.

Aber was fängt er mit sich selbst oder mit sich und seiner Frau an, so ganz allein? Wobei er mit der eigenen Frau ja nicht wirklich allein ist. Also kann sich die Frage letztlich nur auf das radikale Mit-sich-selbst-allein-Sein beziehen. Was soll er machen, eingedenk des Satzes von Pascal? Sich selbst abschließen wie in einem Gefängnis?

Nein, denn in einem Gefängnis ist man dauernd mit Leuten konfrontiert. Sowieso jeden Morgen mit dem, der das grässliche Frühstück bringt. Mit den Verbrechern beim Rundgang im Hof, nicht zu zweit, sondern zu zwanzig. Und wenn die Zellen gesäubert werden, mit dem einen oder anderen auf seinen Prozess wartenden Insassen, der sich in der Zelle des weniger Schuldigen für eine halbe oder ganze Stunde aufhält, bis die eigene Zelle fertig ist. Er weiß das alles, weil er selbst schon einmal wegen der Beschimpfung von Polizisten anlässlich einer abendlichen Fahrradkontrolle und weil er keine zweihundert Mark zahlen wollte, für vierzehn Tage hinter Gitter musste. Dafür durfte er dann als nicht vorbestraft gelten. Für eine solche Lappalie hatte er das Gefängnis also doch gewählt, damals, als er noch wesentlich jünger war. Der Mann, den man zu ihm in die Zelle gesteckt hatte, war sehr redselig und auch bücherversessen. Nachdem dieser Mann seine Erzählung losgeworden war, wie er seinen homosexuellen Freund umgebracht hatte, fragte er den unverhofften Zellengenossen nach Büchern aus. Der Mörder hatte nämlich für die Zeit, die er hier in Untersuchungshaft saß, das Amt des Verwalters der Gefängnisbibliothek übernommen. Beim zweiten Zusammentreffen brachte er ein kitschiges Buch über Liebe mit. Daraus hatte man sogar einen Fernsehfilm gemacht. Danach – eine Woche war vergangen – kam er erneut und hatte zwei weitere kitschige Bücher dabei. Beide von Ludwig Ganghofer. Das eine hieß *Die Martinsklause*, das andere *Das Schweigen im Walde*. Er behauptete, er habe beide in der frühen Schulzeit verschlungen. Jetzt sei dafür keine Zeit mehr, denn es gelte, sich mit Gottfried von Straßburgs *Tristan und Isolde* auf die Prüfung in Mittelhochdeutsch vorzubereiten. Das war erlaubt, allerdings nicht etwa auf der Gefängnispritsche liegend, sondern nur auf dem Stuhl sitzend, das Buch vor sich auf dem Tisch. Wahrscheinlich hätte jeder sowieso Tisch und Stuhl vorgezogen, aber der Zwang dazu sollte einschüchternd wirken. Man solle wissen, warum man hier sei, sagte der Wärter. Ohne Gottfrieds Roman wäre die Zeit lang geworden, schlimmer noch: Zweifel wären aufgekommen, ob man am vorgesehenen Tag auch wirklich wieder ins Freie dürfe, ob die Entlassungspapiere nicht etwa verlegt worden seien.

Nein, das Gefängnis war kein Ort fürs Alleinsein. Denn dieser Ort verwies sofort auf das Problem, dass man sein Alleinsein ausfüllen müsse – zum Beispiel mit Lesen. Im Gefängnis war das für ihn eine wunderbare Ablenkung von der unerquicklichen Atmosphäre gewesen, wobei die Wärter, die ihm alle Utensilien, einschließlich der Uhr, abgenommen hatten und ihm täglich die unappetitlichste Suppe servierten, noch unsympathischer wirkten als die Kriminellen. Doch auch zu Hause war und ist er vor dem Lesen nicht gefeit. Es hält ihn aber nur für eine Weile bei der Stange. Er beginnt, häufiger zu telefonieren, und erzählt dabei, was alles er vorhat: Dass er vorläufig keine Besuche mehr machen, aber Besucher gern empfangen werde. (Das sagt er jedoch nur seinen Freunden, die das Ganze als Experiment verstehen. So nennen sie es denn auch: »ein Experiment«.) Schade nur, dass das Lesen mit kontemplativer Konzentration zu sehr zum Leben anregt vor der eigenen Tür, im Jenseits des isolierenden Zimmers. Weitaus besser gelingt ihm die Kontemplation beim Nachdenken, beim Ausfindigmachen eines Gedankens, der entwicklungsfähig ist und den er zu Papier bringen will.

Die Idee vom Alleinsein im Zimmer war vielleicht, im verborgenen, seit langem schon in ihm vorbereitet. Womöglich reagiert er so bereitwillig auf Pascals Satz, weil die darin ausgesprochene Erfahrung sich bereits bei ihm eingestellt hatte, bevor ihm der Satz geläufig wurde: eine Erfahrung, die er damals zwar machen, aber noch nicht hatte durchdenken können. Denn hatte seine Nachdenklichkeit nicht schon im Klassenzimmer, dort, wo man neben anderen saß, eine seltsame Wirkung entfaltet? Die Empfindung, dass er in diesem Augenblick eigentlich nur für sich da war? Stellte sich nicht beim Schreiben eines Klassenaufsatzes, also umgeben von allen anderen, die dasselbe Thema behandeln mussten, augenblicklich und sodann über Stunden hinweg die Erfahrung einer glorreichen Isolation ein? Ahnte er doch, dass jeder etwas anderes niederschrieb. Der Banknachbar oder auch der Freund in der Hinterbank, sie würden absehbar völlig andere Einfälle entfalten. Deshalb – so erinnert er sich jetzt erst richtig – hatte sich damals ein intensives, nicht unangenehmes Gefühl des vollständigen Alleinseins in ihm ausgebreitet. Denken, sich konzentrieren hieß: allein sein. Auf sich allein zurückgeworfen werden. Gewiss verband das Nachdenken über Storms Erzählung *Der Schimmelreiter* oder über C. F. Meyers Gedicht »Die Füße im Feuer« ihn auch mit den Mitschülern, dem Banknachbarn. Doch sobald der entscheidende eigene Einfall zündete, der die Gedanken vorantrieb, erfüllte ihn das Gefühl mit Genugtuung, ganz allein, nur bei sich zu sein. Die einsame Konzentration beim Schreiben eines Aufsatzes zieht einen auf etwas zusammen, das dem Glücksgefühl nahekommt. Besser gesagt: nicht dem Glück, sondern der Ruhe und tiefinnersten Zufriedenheit. Damit ist dieses frühe Lebensgefühl wohl richtig erfasst.

Doch greifen wir noch einmal auf Pascals Behauptung zurück. Es heißt in seinen *Pensées*, der Autor habe entdeckt, dass »das ganze Unglück der Menschen aus einer einzigen Ursache kommt: nicht ruhig in einem Zimmer bleiben zu können«. Das bringe sie etwa dazu, zur See zu fahren, eine Festung zu belagern oder sich dem Spiel hinzugeben. Pascal nennt die seinerzeit bestimmenden Gründe für solches Verhalten, bezogen allerdings auf die Lebenspraxis ehrgeiziger Mitglieder der damaligen Oberschicht, das Alleinsein zu fliehen. Aber was ist der genaue Grund dafür, nicht allein sein zu können? Es geht ja nicht bloß darum, dass Attraktion an die Stelle der Langweile tritt. Vielmehr scheint das

Alleinsein unerträglich in sich selbst. Dieses schier unerträgliche Gefühl, in dem der Mensch sein Nichts spürt, seine Verlassenheit, seine Leere, bringt Pascal schließlich so auf den Punkt: »Unablässig wird aus der Tiefe seiner Seele die Langeweile aufsteigen, die Niedergeschlagenheit, die Trauer, der Kummer, der Verdruss, die Verzweiflung.«

Beim Weiterlesen stößt er auf Pascals berühmtesten Satz über den tieferen Grund des beschriebenen Zustands. Der Mathematiker in Pascal misst die endliche Existenz des Menschen an der Unendlichkeit des Weltalls und stellt fest: »Das ewige Schweigen dieser unendlichen Räume erschreckt mich.« Freude an der Einsamkeit – erreicht man sie deshalb nicht, weil sie einen ins Schweigen stößt? Liegt darin ein Widerspruch zur zunächst geäußerten Forderung, sich im Zimmer zu verschließen?

Der über neunzig Jahre ältere Montaigne hat lange vor Pascals rationalistischem Jahrhundert eine positive Antwort auf die Frage nach dem Wesen der Einsamkeit gegeben. In seinen *Essais* von 1685 heißt es, sie sei das Erstrebenswerte, »um sich selbst gehören zu können«. Zwar sei es nicht leicht, sich »weiter von der Welt zurückzuziehen«, um so weniger, je leichter entflammbar und tatendurstig man sei, eine Einsicht, die auch Pascal an Beispielen erläutern wird. Deshalb aber sei das einsame Leben derart zu gestalten – so wieder Montaigne –, dass es »weder ermüdend noch langweilig« werde. Montaigne, noch vom Geist der Renaissance geprägt, verweist auf den Ratschlag der römischen Schriftsteller Plinius und Cicero: Man solle die Einsamkeit, den Rückzug von öffentlichen Geschäften, darauf verwenden, etwas zu schreiben, das einen »unsterblich« mache. Denn eigentlich sei gerade der Ehrgeiz, so Montaigne, der Grund für die Unfähigkeit, einsam zu leben. Und genau aus diesem Grund hat

Cicero, so scheint es, den Ruhm in die Einsamkeit hereingeholt: Schreibe – und werde berühmt!

Eine solche Empfehlung zu schreiben, diese sich aufdrängende Ausfüllung des Alleinseins, ist häufig das erste, was manch einem in dieser Lage einfällt. Briefe oder wissenschaftliche Abhandlungen schreiben sind zweifellos Akte wider die Einsamkeit, aber ebenso sind sie gerichtet auf kommunikative Anbahnung, sind sie Ankündigungen einer möglichen Zusammenkunft mit anderen.

Der seit Jahrzehnten in Schwang gekommene Begriff der »Kommunikation« ist jedoch ein trügerisches Wort. Geprägt bzw. neu definiert durch den bedeutendsten zeitgenössischen deutschen Denker, Jürgen Habermas, bezieht er sich vornehmlich auf den sachbezogenen wissenschaftlichen oder politischen Gedankenaustausch. Dabei wird unterstellt, dass man normorientiert miteinander spricht, also jeweils »Wahrheit« beanspruchende Argumente gebraucht. Unterschlagen werden bei dieser Annahme die a priori gefühlsgeleiteten Affinitäten der im argumentativen Austausch Aufeinanderstoßenden, wie sie im Zustand des Alleinseins längst ausgebildet worden sind. In der »Kommunikation« des wissenschaftlichen Denkens liegt die entscheidende und erkennbarste Abwesenheit des kontemplativen Zustands, obwohl dieses Denken, will es fruchtbar sein, gerade in letzterem seine Wurzel hat. Damit zeigt sich das Kriterium des Normativen dann auch in seiner ganzen Unzulänglichkeit. Das wissenschaftliche Argument, sofern es vor allem am sogenannten Forschungsstand, also an der Sekundärliteratur, orientiert ist, an massenhaft angebotenen, überall wiederholten Erkenntnisansätzen, führt notwendigerweise zu unoriginellen Resultaten. Es gilt daher für solche Wissenschaft tatsächlich der ironische Satz »Wissen schützt vor Erkenntnissen«, um so mehr, als es dem Forschungsbetrieb, nicht zuletzt in Gestalt seines wissenschaftlichen Nachwuchses, vor allem an der Bereitschaft zur einsamen Kontemplation bedauerlicherweise gebricht. Mit deren Abwesenheit ist der im Wissenschaftsbetrieb vorherrschende Typus oftmals geradezu geschlagen. Dabei ist seine nicht selten erhebliche formale Intelligenz gleichwohl von hoher Bedeutung. Sie wäre sogar durchaus noch weiter zu aktivieren, weil erst im beiderseitig befruchtenden Austausch die punktuell sich konzentrierende Kraft der Kontemplation als das Andere des Denkens am deutlichsten hervorträte.

Insofern ist also das einsame Schreiben im Zimmer tatsächlich das Allerbeste, was man tun kann. Und im Gefängnis zu lesen ist nichts anderes als buchstäblich irreführend. Das einsame Lesen im Zimmer ist wegen der Freiwilligkeit des Aufenthalts von anderer Natur, die in Bewegung gesetzte Phantasie betreffend. Man gleitet hinüber in den Zustand der Kontemplation. Das einsame Schreiben im Zimmer ist vielseitig, unvorhersehbar, geradezu sprunghaft, ist das Ergebnis einer Kontemplation, die ausschweifend wird. Allerdings: Diese Qualität kann nur erhalten bleiben, wenn Neigung und Fähigkeit zu solcher Kontemplation stärker sind als alle anderen Handlungsmotive. Kontemplation kann sich an Lektüre festhalten und sogar entwickeln und plötzlich doch – und das wäre das Schönste! – im freien Flug in eine ganz andere, eigenwillige Richtung abbiegen. In jede Art von Richtung! Das Sich-Verlieren im Nachdenken über andere Menschen etwa kann zu ganz eigenständiger Entscheidung darüber führen, wer diese eigentlich sind. Das Urteil darüber fällt meist ganz anders aus als im direkten Umgang mit ihnen. Spricht man mit dieser oder jener sogenannten Bekanntschaft, so neigt man leicht zur sympathisierenden

Übereinstimmung im Urteil über dies und das, es sei denn, eine sehr gravierende grundsätzliche Differenz, etwa in der Beurteilung eines politischen Ereignisses, reißt Gräben auf, die sich im unmittelbaren Austausch nicht schließen lassen. Aber selbst dann schweigt man eher, hält man sich um des lieben Friedens willen, wie es so schön heißt, zurück. Man sagt nicht, was man wirklich denkt, und trennt sich mit dem ausgesprochenen, aber unaufrichtigen Wunsch, dass es ein angenehmes Zusammentreffen gewesen sein möge – »wie schön, dass wir uns wieder mal gesehen haben«. Macht man hingegen denselben Gesprächspartner zum Objekt des Nachdenkens, kommen einem häufig gefährliche Gedanken. Man überlässt sich dann unbeantwortbaren Fragen, die dessen verborgene Persona zum Inhalt haben.

Daraus, dass originelle Ideen der Kontemplation entspringen, folgt nicht notwendigerweise die Priorität des Essays gegenüber wissenschaftlichen Abhandlungen. Im Gegenteil: Es verhält sich ja nicht so, dass folgende Logik für das kontemplative Denken problematisch wäre, vielmehr geht es um den Ursprung des ersten Gedankens, aus dem eine logische Fortführung sich erst ergeben würde. Dass dieser erste Gedanke intensiv auftreten kann, einschlagen wie ein Blitz, lässt sich besonders an innovatorischen frühromantischen Schriftstellern, an Friedrich Schlegel, Novalis und Hölderlin, erkennen, wobei die Rückführung ihres Denkens auf die transzendentale Philosophie zu kurz greift. Nicht allein dass Schlegel den Wert der »vernünftig denkenden Vernunft« für die Poesie in Frage stellte, auch für das Denken selbst nahm er »unverständliche Elemente« in Anspruch und sprach ironisch von der Unverständlichkeit seiner Zeitschrift, des *Athenäums*, ja sogar davon, dass die ganze Welt nicht aus Verstand, sondern aus Unverständlichkeit gebildet sei.

70

Nun lebten die Frühromantiker ja nicht isoliert, sondern trafen sich zu ihren gemeinsamen wortreichen Gastmählern, wobei sie, wie oft süffisant bemerkt wurde, über Schillers Gedankenlyrik, vor allem über sein Gedicht *Die Glocke*, spotteten, das dem kommunikativen Leben gewidmet war. Indes: Einsamkeit war eine besondere Erfahrung Hölderlins, und Novalis widmete der Weltflucht sogar sein berühmtestes lyrisches Werk. Dass es zudem zutiefst kontemplative Zustände waren, aus denen sich Friedrich Schlegels poetologische Einfälle und Theoreme erklären, zeigt sich allein schon am Stil seiner Darlegungen. Sie stehen in vielversprechendem Gegensatz zur kommunikativen Rede, wie sie für theoretische Aufsätze geisteswissenschaftlicher Autoren zu vergleichbarer Thematik kennzeichnend sind. Geisteswissenschaftler dagegen, deren Werk noch nach Jahrzehnten Leselust ist, kommen eher aus den Zonen kontemplativer Selbstversenkung, auch wenn sie Argument auf Argument setzen.

Es versteht sich daher, dass die unmittelbare und ungeduldige (zeitnahe) Mitteilung nach außen, wie sie die modischen Formen der Kommunikation kennzeichnet, der Außenkontakt etwa via Computer, also das Schreiben von E-Mails, sich von vornherein verbietet. Denn dies wären eben im Zimmer der Kontemplation vollbrachte kontraproduktive Akte: die definitive und permanente Aufhebung des Alleinseins, die Anschließung des Ichs an ein anderes Ich, die endgültig gewordene Zweisamkeit.

Und dennoch drückt sich der Zustand des Alleinseins nicht nur innerhalb des der Kontemplation gewidmeten Zimmers, sondern auch in einem ganz besonderen Blick aus dem Zimmer aus: im Blick durch das geöffnete Fenster auf die Landschaft oder auf bauliche Andeutungen von Stadt.

Berühmte Gemälde der Renaissance zeigen solche Motive zum ersten Mal. Varianten erklären sich aus der unterschiedlichen Intensität des kontemplativen Zustands: Mal kommt die dargestellte Landschaft ganz ohne einen im Bild ebenfalls erfassten Wahrnehmenden aus und macht doch den Eindruck, als werde sie durch ein Fenster wahrgenommen. Mal richtet sich der Blick durch ein Fenster oder die Tür eines Zimmers, ohne dass erkennbar würde, was davor liegt. Dort aber, wo der Blick auf etwas Unbestimmtes gerichtet ist, wo die Wahrnehmung sich der Deutlichkeit entzieht und das Äußere allein in einem Inneren erkennbar wird, dort kommt das kontemplative Moment am stärksten zum Ausdruck. Die berühmteste Darstellung der Kontemplation, Albrecht Dürers Kupferstich *Melancolia I* aus dem Jahr 1514, erfüllt sich allerdings sogar ohne solch einen Blick. Das Thema wird sichtbar in den die Figur umgebenden Gegenständen; sie alle symbolisieren die Kontemplation: ein Polyeder, eine Waage, eine Sanduhr, eine arithmetische Tafel.

Eine künstlerisch herausragende Fassung der kontemplativen Innerlichkeit eines Zimmers stellt Adolph Menzels Gemälde *Balkonzimmer* aus dem Jahr 1845 dar. Der Sprung in die Moderne gelingt dadurch, dass kein Mensch und nichts außerhalb des Zimmers zu sehen sind. Statt dessen der wehende Vorhang vor beiden geöffneten Flügeln der Balkontür, daneben ein in Holz gefasster Spiegel, in dem sich ein Teil der Räumlichkeit widerspiegelt. Hier verschließt sich ein Geheimnis. Ist es ganz grundsätzlich das Geheimnis des kontemplativen Zimmers?

Der Hinweis auf Caspar David Friedrichs *Blick aus dem Atelier des Künstlers* (1805/1806 entstanden) und auf sein Gemälde *Frau am Fenster* (zwischen 1818 und 1822 entstanden) führt wiederum auf die Frage, ob der Blick nach draußen sich zuweilen nicht bewusst in Opposition begibt zur Kontemplation innerhalb eines Zimmers. Der Blick aus Friedrichs Atelierfenster – ohne die Darstellung einer im Raum anwesenden Person – gibt sich sehr bestimmt: keine Landschaftsstimmung, sondern die ruhige Betrachtung eines von Schiffen befahrenen Flusses, kein Idyll, sondern ein Ausschnitt von Arbeitswelt und Transportwesen. Zugleich aber versetzt die Komposition von hochbogigem Atelierfenster und kahlen Wänden einerseits sowie einer Flusslandschaft andererseits unsere Wahrnehmung in eine nachdenkliche Stimmung.

Späterhin evozieren die impressionistischen Natur- und Gesellschaftsbilder ähnliche Stimmungen, wie sie schon die Bilder der Renaissance durch den Blick aus dem Fenster ermöglichten. Der Impressionismus gab Landschaften oder gesellschaftliches Leben häufig ausschnitthaft wieder, oft wie zufällig, richtete sich in seiner Motivwahl – etwa in Norbert Goeneuttes beruhigendem *Boulevard de Clichy im Schnee* von 1876 oder in den Landschaften von Camille Pissarro und Pierre Auguste Renoir – auf eine im Augenblick erfasste Welt des permanenten Wandels, an deren situativer Sinnlichkeit Reflexion sich entfalten konnte.

Welche Beschäftigung im eigenen Zimmer verhilft einem nun aber am ehesten zu einer solchen Gestimmtheit? Zu Beginn dieser Betrachtungen war das Schreiben als das probateste Mittel dafür erörtert worden. Oder auch das Lesen. Man kann ja nicht die ganze Zeit aus dem Fenster schauen, wie es einige unserer auf Gemälden dargestellten Personen oder besser gesagt: wir es gemeinsam mit ihnen tun. Und außerdem ist es doch fraglich, ob man auf diese Weise anmutig versunkene, idyllisch verträumte oder historisch-allegorische Panoramen erblicken würde. Eher wäre es der Blick auf einen gepflegten Garten, vielleicht mit einer Villa dahinter, oder auf Menschen in Bewegung, etwa bei der Arbeit. Pascal selbst hat das Zimmer nicht genauer bezeichnet, in dem man sich seiner Empfehlung nach in sich versenken sollte. Im eigenen Haus oder in der Wohnung eines Hauses mit anderen Bewohnern? Vermutlich bezog er seine Lebenslehre lediglich auf die Einsamkeit eines einzelnen Zimmers, und gewiss stand ihm dabei keine vorübergehende Wohngelegenheit vor Augen. Er dachte ja nur an Leute eines sehr gehobenen Standes, die von ihrer ständigen Suche nach extravaganten Erfahrungen abgehalten wurden vom produktiven Alleinsein. Insofern ist den meisten der auf den Gemälden geöffnete Blick durch das Fenster verschlossen. Ihr Imaginäres hat in ihnen selbst stattzufinden. Aber auch das verwandelt den Blick aus dem Fenster des eigenen Zimmers.

Schöne, hässliche, interessante Städte

Weimar. Man sehe sich Weimar an. Weimar ist nicht schön. Noch immer gibt es vom Rhein keine direkte Bahnstrecke dorthin. Man sehe die einschlägigen Gebäude, das Haus Schillers, die Kirche, wo Herder gepredigt hat. Und natürlich das Wichtigste: Goethes Gartenhaus auf den Wiesen vor den Mauern der Stadt. Von dort zurück durch das Stadttor gehend, drängt sich der Gedanke auf, was Goethe in der Postkutsche gedacht hat, als er von Rom zurückkehrend den Ort seiner frühen Hofkarriere nach zwei Jahren Abwesenheit wiedersah. Nun ja, es ist unfair, eine kleine thüringische Provinzstadt, wenn auch Sitz eines Herzogs, mit dem Herzen der Welt zu vergleichen. Rom wollen alle sehen: vom nördlichen Tor die alte Straße durchwandernd bis zur Via Giulia. Und seinen antik-römischen Teil. Aber das eigentlich Anziehende bekam die Stadt wohl erst mit der Renaissance. Will man, wenn man überfallen wird von ihrer »bellezza«, irgendeine andere Hauptstadt mit ihr tauschen? Paris vielleicht? Ja. Denn Paris ist letzlich sogar schöner. Warum? Wegen der Straßencafés am Boulevard Saint-Germain oder an der Oper, wo man stundenlang sitzen und lesen kann, ohne viel zu bestellen.

Doch sollte man in diesem Fall nicht besser »interessant« statt »schön« sagen? Selbst hässliche Städte können interessant sein und schöne Städte nicht. Es gibt auch in Rom wunderbare Plätze, aber ihre Cafés führen wegen der Sonne wie Höhlen tief ins Innere des Hauses. So auch das berühmte Café Greco in der Via Condotti unterhalb der Spanischen

Treppe, in dem sich zu Goethes Zeit, daran wird noch immer erinnert, deutsche Maler trafen.

Der nahende Abschied von der Stadt – von seinem Arkadien – hatte Goethe die *Römischen Elegien* eingegeben, die zuerst ja den Titel »Erotica Romana« trugen. Die *Elegien* bieten eine Reflexion verlorener Gegenwart, wie sie radikaler nicht sein kann. Eine Abschiedsklage, die sich mit Ovids Abschied von Rom im Ersten Buch der *Tristia* messen kann. Goethe hat in der zunächst nicht veröffentlichten Darstellung des Abschieds von Rom die italienische Metropole »Hauptstadt der Welt« genannt. Und das zu einem Zeitpunkt, als für die Zeitgenossen London, die Hauptstadt der angehenden Weltmacht, das ökonomische und politische Zentrum geworden war und Paris schon vor Ausbruch der Revolution den Anspruch hatte erheben können, das gesellschaftlich-intellektuelle Zentrum der zivilisierten Welt zu sein.

Nun sind die *Römischen Elegien* ja nicht bloß ein Abschied von der Stadt, in der ihr Dichter zwei Jahre glücklich gewesen war. Sie sind vielmehr eine Huldigung der historisch-kulturellen Größe dieser Stadt, ihrer Vergangenheit, die ihre Wahrnehmung spätestens seit der Renaissance bestimmt. Noch mehr aber war es für Goethes Blick die Sinnlichkeit, der »Glanz des helleren Äthers« Italiens im Unterschied zum »trüben neblichten Tag«, von dem Werther spricht und der in den *Römischen Elegien* als »farb- und gestaltlos« beklagt wird. Es ging Goethe um die von ihm als dramatisch empfundene kulturelle Nord-Süd-Spannung.

Im klassischen altrömischen Teil war einmal der Satz einer Besucherin zu hören: »Diese Steine sagen mir nichts.« Sie war offenbar literarisch gebildet. Es handelte sich dabei ja um die Umbildung eines klassisch gewordenen Satzes von

Goethe und sollte wohl ausdrücken, dass diese Steine längst zum Zitat versteinert seien, dass sie keine Aura mehr hätten. Jedenfalls für jemanden, der vor lauter Bildungshorizont in der aktuellen, konkreten Weltstadt nichts mehr erkennt. Beim Durchstreifen, Anschauen, Erleben solcher Städte ist der unmittelbare Anblick schließlich doch das Wichtigste. Und ob eine Stadt nun schön ist oder hässlich – schön durch ihre Architektur, hässlich durch verkommene Straßen –, entscheidet letztlich auch nicht über unsere positive oder negative Reaktion. Es ist eher die Frage, ob sie interessant ist.

Zum Beispiel Berlin. Bei jedem Besuch kann sich der Eindruck verändern, den man von dieser Stadt hat. Manchmal sagt man sich sofort: »Mein Gott, wie trostlos, all diese Häuser.« Bei der Fahrt vom Flughafen oder vom Bahnhof ins Zentrum kommt es darauf an, welche Strecke der Taxifahrer wählt. Wenn sie aussieht wie die Kantstraße, ist man von ihrer Ödnis deprimiert, auch wenn dort die beliebteste Intellektuellenbar liegt. Wenn man auf die Fasanenstraße, die Mommsenstraße, die Uhlandstraße oder den Gendarmenmarkt trifft, überkommt einen zuweilen die Anmutung eines bestimmten Lebensgefühls, und noch mehr davon in Prenzlauer Berg, auch wenn der längst schon modisch ist. Aber wie viele Fasanenstraßen und Mommsenstraßen gibt es in diesem übriggebliebenen riesigen Beton- und Eisenreich? Mit den Kriterien schön und hässlich kommt man hier scheinbar nicht weit. Was Berlin betrifft, so kommt eben das Interessante ins Spiel. Doch warum ist diese Stadt, manchmal schön und meistens hässlich, interessant? Ist das, was nach dem angloamerikanischen Großbombardement vom Februar 1945 in Berlins Mitte wiederaufgebaut bzw. neu gebaut wurde, denn wirklich allein schon interessant? Nun, zunächst ist gerade das enorm hässlich. Am hässlichsten wahrscheinlich der Potsdamer Platz, wobei es einige andere Plätze gibt, die mit ihm in Sachen Hässlichkeit konkurrieren können, nicht zuletzt der berühmteste, der Alexanderplatz.

Zudem ist nicht alles zerstört worden. Charakteristische Gebäude am Kurfürstendamm und in den Nachbarstraßen Charlottenburgs und Wilmersdorfs sind stehengeblieben und atmen nach wie vor Stil und Aura des gutbürgerlichen 19. Jahrhunderts. Und so auch im Osten der Stadt, am Treptower Park. Dazwischen – vom Hauptbahnhof bis zum Alexanderplatz – liegen die im Zweiten Weltkrieg besonders umkämpften Viertel und daher die Resultate des Neuaufbaus, sowohl im alten Westen wie im alten Osten. Man hat ja, vor allem in alliierten Filmaufnahmen, den Artilleriebeschuss und Häuserkampf im Zentrum Berlins bis zur endgültigen Eroberung der Stadt durch russische Truppen gesehen. Damit nähern wir uns der Ursache dafür, dass die Stadt trotz ihrer vor Hässlichkeit strotzenden Partien so interessant ist wie keine andere Stadt in Deutschland. Und es lässt uns jetzt auch genauer bestimmen, warum Roms zitierte Überreste seiner antiken Phase der Besucherin nichts sagten: Was Zitat ist – so erhaben es auch sein mag –, ist nicht interessant. Interessant ist das, was einen zum Nachdenken, zum Erstaunen, zum Überraschtwerden bringt. Also etwas letztlich Unbekanntes, etwas bis dahin Ungesehenes.

Auch Köln, Frankfurt und Hamburg sind buchstäblich in Schutt und Asche gelegt worden, von Dresden nicht zu sprechen. Aber aus ihren Trümmern stieg nicht der Geist der Erinnerung, das Chaos zeigte sich nicht transformiert in einen neuen Kosmos. Man kann sich das stellvertretend an Köln, einer der drei ältesten Städte Deutschlands, klarmachen: Hier ist alles von einst verschwunden. Zunächst durch das jahrelange Bombardement aus Sprengbomben und

Phosphor, das in einem kilometerweiten Zirkel um den Dom herum nichts mehr von seiner Glorie aus dem Mittelalter und dem 19. Jahrhundert übrigließ. Sodann auch durch einen die Vergangenheit zum Verschwinden bringenden Wiederaufbau, sei es des Einkaufsviertels der Altstadt bis zum Neumarkt oder des ehemals eleganten Ring-Boulevards, der dem einstigen Mauerring um die Stadt folgt. Vor allem aber verschwand das Einstige durch den Verlust des Bewusstseins davon, dass diese Stadt so lange schon, seit ihrer römischen Gründung, existiert und dass nach ihrer Eroberung durch die Franken weitere vierhundert Jahre ins Land gingen, bevor die rechtsrheinischen, also zentralen deutschen Gebiete bis zur Weser zivilisiert und kultiviert wurden. Gewiss, auf jedem Souvenir steht das zu lesen, und die Reiseführer sind voll davon. Nicht aber die Köpfe der heutigen Einwohner, oder, in unserem Zusammenhang: die Köpfe der Besucher.

Soviel anders Berlin. Historische Erinnerung liegt hier einem jeden Ort zugrunde, obwohl die Stadt so viel jünger ist als die einstige rheinische Metropole Köln. Das Brandenburger Tor ist nur das hervorstechendste Signal der Geschichte, von keiner anderen deutschen Stadt einholbar; schon das Wort »Brandenburg«, das Heinrich von Kleist in seinem Drama *Prinz Friedrich von Homburg* verherrlichend markiert hat, evoziert Geschichte. Aber das Brandenburger Tor ist nicht das einzige Berliner Sinnbild für die preußisch-deutschen Jahrhunderte. Wohin man auch fährt oder geht, wo immer man aussteigt – man ist konfrontiert: mit Aussichten, die das Interesse entweder in historisch-politischer oder kultureller Hinsicht wecken.

Stellt aber nicht Münchens architektonische Erscheinung, vom Stachus und vom Bahnhofsgelände einmal abgesehen, alles Berlinische in den Schatten? Freunde Münchens betonen zu Recht die Schönheit ihrer Stadt, den von Ludwig I. etablierten Klassizismus, der eine geometrische Achse bildet, unübersehbar mit dem Königsplatz und der Karolinensäule, dem schwarzen Obelisken. Was die Schönheit betrifft, kann man ihnen nur zustimmen, doch darf man eben das Kriterium, das letztlich den Ausschlag gibt, nicht außer acht lassen: das Interessante. Interessant sind auch überraschende Formen und Farben; gerade die Spätrenaissance ist dafür voller Beispiele. Insofern sind Münchens italienische Meisterwerke wohl sehr schön, aber nicht eigentlich interessant, weil dort nicht jener historisch-politische Gestus zu erkennen ist. Doch ist Schönheit, ohne interessant zu sein, denn eigentlich wirklich schön? Nur dann vielleicht, wenn sie überkandidelt schön ist: Bellezza-Funkeln, hat nicht München davon etwas?

Die schönste Stadt Europas aber ist wohl immer noch Paris. Doch warum ist sie es? Wegen der Seine-Brücken bei Notre-Dame, der Place de l'Opéra, der Place de la Concorde nebst den Champs-Élysées, des Boulevards Saint-Germain? Wegen der vielen schönen Plätze und Gebäude, von Montmartre bis zu Belleville, wo allerdings die Schönheit dann aufhört? Ist man, wenn man mit dem Auto vom Osten Frankreichs kommt und erstmals in die Stadt hineinfährt, nicht zuerst enttäuscht von der Schäbigkeit der höhergelegenen Viertel? Erst unten an der Place de la République fängt die Schönheit an.

Und schon wieder sind wir beim Kriterium des Interessanten angelangt: Belleville steckt bei aller undramatischen, unrepräsentativen Gewöhnlichkeit voller Überraschungen. Besonders der Boulevard de Ménilmontant. Zuhauf chinesische Läden neben dunklen Toreingängen, wo Araber Öltonnen stapeln. Und einfache Restaurants. Und wenn man die

Schlager über Ménilmontant gehört und den Film *Casque d'Or* (*Goldhelm*) mit Simone Signoret und Serge Reggiani gesehen hat, dann ergänzt man das Frappierende durch das Interessante, womit der Becher des sprudelnden Lebens gefüllt wäre. Edith Piaf und Yves Montand kamen aus dieser Straße. Demgegenüber sieht die Rue des Pyrénées hinauf zur Place Gambetta und zum ältesten Friedhof von Paris, Père Lachaise, schon anders aus. Viel bürgerlicher. Und dieser Kontrast in allem ist es, der die Gegend so interessant macht. Bis zu den zwanziger Jahren, liest man, wohnte die Arbeiterschaft noch wie zur Zeit der Französischen Revolution im Viertel vor der Bastille, dem Marais. Dann aber nahm sie Belleville ein. Der Blick vom Viertel um die Place Gambetta – Gambetta war der französische Politiker, der während der Preußenbelagerung 1870 zur Vorbereitung der weiteren Verteidigung Paris mit einem Ballon verließ – hinunter auf die Stadt zeigt nichts davon – man muss es wissen.

Ist es nicht noch immer die Revolution, welche die genannten schönen Straßen nicht nur schön, sondern auch interessant macht? Wobei damals selbstverständlich alles ganz anders aussah: Die Schönheit der Viertel von heute existierte noch nicht zur Zeit der Revolution, obwohl es schon eine Reihe stattlicher, repräsentativer Gebäude gab. Aber vielem war noch ein altertümlicher, ja mittelalterlicher Anblick zu eigen. Dickens hat ihn 1859 in seinem Revolutionsroman *A Tale of Two Cities* beschrieben. Als G. E. Haussmanns souveränes Bauregime sich manifestierte und die Erscheinung der Stadt ummodelte, zeichnete Baudelaire die radikalen Veränderungen auf. In seinem Gedicht »Le Cygne« heißt es: »Le vieux Paris n'est plus (la forme d'une ville / Change plus vite, hélas! que le cœur d'un mortel)«. Der Dichter betrauert, dass es das alte Paris nicht mehr gibt, eine Veränderung, der das Herz des Menschen nicht folgen kann. Und voller Abscheu nennt er in den folgenden Strophen die neuen Paläste, die Baugerüste, die brutalen Steinklötze, denen gegenüber er die alten Vorstädte als »Allegorien« hervorhebt, weil die Erinnerungen daran schwerer seien als Felsen.

Dennoch: Das Paris der grandiosen Gebäude und Kirchen, davon gab es schon einiges während der kaiserlichen Epoche des Neffen von Napoleon. Vieles, was heute beeindruckt, stand damals schon: nicht nur die Place des Victoires, die Place Vendôme, der Quai d'Orsay, die Bourse, das Panthéon, die Sorbonne und all die Cafés mit einer Pracht wie Paläste. Und selbstverständlich die berühmten Kirchen Saint-Séverin, Saint-Étienne, Saint-Gervais-Saint-Protais, Saint-Eustache, Saint-Sulpice und schließlich die Madeleine! Die einen leicht zu entdecken, die anderen versteckter, und selbst manchen Parisern unbekannt, damals wie heute.

Wenn Baudelaire aber vom alten Paris spricht, das nicht mehr da sei, dann meint er eben die fast mittelalterlichen Straßen und Quartiere. Er betrauert ihre Ersetzung durch Haussmanns moderne, großbürgerliche Straßenfronten und Boulevards, die nichtsdestoweniger zum Schönheitskapitel der Stadt gehören, ja dieses Kapitel seit dem Ende des 19. Jahrhunderts fortgeschrieben haben.

Wenn man nun dennoch die Revolution und das heutige Paris in einem Atemzug denkt, dann nimmt man – wie angesichts von Berlin – die Geschichte in Haft. Das Grandiose, ja Majestätische der Revolution, nicht ihren Terror. Man sieht die genannten Bauwerke, die Oper, das Parlament, den Arc de Triomph, Haussmanns Straßenzüge, und wird überwältigt von ihrer Ausdrucksgestik. Und dabei ruft unsere Phantasie nicht die Schönheit Versailles' auf, sondern eben die Hoheit der Revolution, des für Frankreich bedeutendsten historischen Ereignisses, ohne dass der Umstand, dass es den Ausdruck »Revolution« zur Zeit der Revolution noch gar nicht gab, einen daran hindern würde. Ganz abgesehen davon, dass die Mehrheit der Beeindruckten von der Baugeschichte der Stadt nicht viel weiß, noch nicht einmal diejenigen, die beim Anblick der Stadt der Revolution eingedenk sind.

Diese Erinnerung an die Tiefe der Geschichte einer Stadt enthält den Gedanken an ihre »Zeichenhaftigkeit« (Karlheinz Stierle), wie sie vor allem Paris, als dessen Nachfolger aber auch New York seit langem zugeschrieben wird. Es sind Zeichen, die eine solche Stadt als subjektiven, immer wieder neuen Erkenntnisraum entwerfen: als ein Phantasma, das erfunden wird und spätestens seit Heinrich Heines Imagination von Paris immer wieder neu erfunden worden ist. Freud vergleicht in der *Traumdeutung* die historischen Schichten einer Stadt – er nennt Rom, aber auch Paris – mit dem Unbewussten. Es ist wohl der signifikante Terminus für die zeichenhafte Macht der urbanen Erscheinung. Zudem spielt zweifellos die Modernität der Stadt bei ihrer Wahrnehmungsgeschichte eine zentrale Rolle, wie es Walter Benjamins *Passagenwerk* vorgibt: Dessen Charakterisierung von Paris als »Hauptstadt des 19. Jahrhunderts« hat die Modernitätskategorie nachdrücklich gemacht. Doch reflektiert, wer heute durch diese Städte geht und auf ihre Erscheinung reagiert, meist nicht die Theoreme über sie. Und dennoch meinte die Passantin im antiken Teil Roms, die behauptete, diese Steine sagten ihr nichts, letztlich wohl das Defizit an »Zeichen«. Diese Steine waren ihr schiere Überbleibsel der Antike, nicht deren sprechende Gegenwärtigkeit. Hat das nun aber mit der Schönheit, von der hier die Rede ist, noch etwas zu tun?

Dass ihre Stadt vor allem »schön« sei, dass dieses Wort nicht alles, aber Entscheidendes über sie sage, wurde von verschiedenen bedeutenden französischen Schriftstellern schon im 19. Jahrhundert betont. Nicht ohne polemische Pointe gegen die deutsche Wahrnehmung von Paris während der Zeit des preußisch-deutschen Krieges. So lässt Zola in seinem Roman *La Débâcle* von 1892 einen jungen preußischen Gardehauptmann 1870 auf die belagerte Stadt schauen, hasserfüllt ihre Schönheit beneiden. Und Flaubert hat in seinen Briefen ebenfalls von diesem Hass auf die Schönheit von Paris gesprochen und diese Erkenntnis mehrfach variiert. Damit wurde das später unausweichliche Thema, die deutsche Besatzung der Stadt von 1940 bis 1944, prophetisch angekündigt. Und so gibt die deutsche bzw. westdeutsche Affinität zu Paris, nicht nur nach dem Zweiten Weltkrieg, sondern sogar besonders eben während dieses Krieges, dem Schönheitsdiskurs eine linkische Wendung: Wohlmeinende deutsche Besatzungsoffiziere, ob von der Ideologie des Dritten Reichs infiziert oder nicht, haben ihr französisches Gegenüber häufig mit preisenden Worten über die Schönheit von Paris traktiert. Offenbar glaubten sie, damit etwas wiedergutzumachen. Es war dann auch die Tatsache, dass der kommandierende deutsche General Hitlers Befehl, die Stadt, vor allem ihre schönsten Gebäude, beim Abzug der deutschen Truppen im Spätsommer 1944 zu zerstören, nicht befolgte, die in Nachkriegsdeutschland lange wie ein Ruhmesblatt herumgereicht wurde.

Hitler hatte es ja eher mit der Schönheit als mit dem Interessanten, geschweige denn dem Zeichenhaften. Die bekannte Szene der deutschen Wochenschau, die ihn von hinten zeigt, wie er auf den Eiffelturm blickt, wollte durch die obwaltende Geometrie wohl eine Inbesitznahme vorführen.

Nicht die Inbesitznahme Hitlers durch Paris, sondern die Inbesitznahme von Paris durch Hitler. Was der mit dem Albert-Speer-Projekt der Errichtung eines Groß-Berlin noch nicht Beschäftigte angesichts des Eiffelturms dachte, das weiß man nicht. Was er überhaupt angesichts dessen, was man ihm zeigte, gedacht haben mag, ist zweifelhaft. Aber gedacht haben muss er sehr entschieden etwas. Entweder war er – falls sein Blick etwas Klassizistisches, ob Säule oder Außenfront, sah – beeindruckt, oder er kämpfte mit Ressentiments. Er neigte dazu, an der westlichen Kultur Bewundernswertes zu entdecken. So soll er die Madeleine-Kirche bewundert haben, eben ihren Klassizismus. Der erfolglose Künstler aus Oberösterreich hat jedenfalls Schönheit gesucht. Er wollte sie monumentalisieren. An die Französische Revolution wird er dabei wohl nicht gedacht haben. Und auch der Befehlshaber, der die siegreiche deutsche Infanterie grüßte, als sie durch den Triumphbogen marschierte, wird nicht an die Revolution gedacht haben. Und auch die Schönheit dieser Stadt sah er gewiss nicht, sondern nur seine Truppen, ihren Triumph, der vom Triumphbogen gekrönt wurde. Von seinem Pferd aus winkte er bei preußischer Militärmusik den einziehenden Soldaten mit behandschuhter Hand jovial-anerkennend zu. Das war alles.

Wie viele deutsche Emigranten, nicht nur jüdischer Herkunft, waren zu diesem Zeitpunkt noch in der Stadt? Der berühmteste, Walter Benjamin, der ihre Zeichenhaftigkeit nicht erfunden, aber benannt hatte, überlebte dieses Jahr 1940 nicht. Sein Selbstmord, da ihm die Kräfte ausgingen bei dem Versuch, über die Pyrenäen zu entkommen, kündigte symbolisch die bald folgende Epoche der Folter, der Hinrichtungen, der Verfolgungen an, wobei Paris, obwohl nicht Regierungssitz der Kollaborationsfranzosen, weiter im Zentrum der politischen Spannungen stand. Es war ein zweifelhafter Applaus für die Schönheit der Stadt, der von den Nachkriegsdeutschen immer zu hören gewesen ist. Zwar war von dem Neid, den Zola und Flaubert zu erkennen glaubten, nichts mehr übriggeblieben. Es war wirklich Bewunderung. Aber eine solche, die um Verzeihung bat, wo nichts verziehen werden konnte, obwohl eine ganze Reihe von Parisern mit von der deutschen Partie gewesen waren und sich später als Widerstandskämpfer aufspielten. Vielleicht lässt sich also sagen, dass die Schönheit von Paris erst heute richtig sichtbar wird, wenn man sie sich nämlich wie ein Haupt auf einem Körper vorstellt, dessen Beine im Schlamm stecken, von dem einzelne Spritzer bis nach oben lecken. Wäre es anders, wäre die Stadt sicherlich nicht so interessant.

Und London? Gewiss könnte man auch nach Madrid oder Lissabon fragen, sind doch diese beiden anderen romanischen Hauptstädte neben Paris – im Unterschied zu Athen – von besonders exotischer Attraktivität. Athens Hässlichkeit ist dagegen nicht interessant. Aber ist Paris erst einmal genannt, dann darf London nicht fehlen. Sonst könnte es so wirken, als stimme man dem Verdikt von zweien der einflussreichsten deutschen Geister des 19. Jahrhunderts, Heinrich Heine und Friedrich Nietzsche, zu, die London als Ort der Pfennigfuchser ansahen und hässlich und banal fanden.

Und selbst wenn sie es auf den ersten Blick wäre, träte um so mehr hervor, wie interessant diese Stadt ist, oder besser: kürzlich noch war. Denn bevor das immer schon Interessante genannt wird, ist das allerneueste extrem Banale anzuprangern: die Bestückung der Stadt und der Ufer der Themse mit eigentümlich gestalteten Hochhauskonstruktionen, die mit arabischen Ölstädten konkurrieren. Und wie langweilig ist die Royal Festival Hall, das den Beginn der fünfziger Jahre krönende Konzertzentrum zu Ehren der jungen zweiten Elizabeth. Daneben überraschten (und hier ist nicht von positiver Überraschung die Rede) schon in den siebziger, ja fünfziger Jahren Betonklötze wie der des 1976 eröffneten Nationaltheaters, das von Laurence Olivier und Peter Hall in eine glänzende Epoche geführt wurde. Vielleicht spielte bei dieser Architektur Henry Moores Stil der nackten Abstraktion auch eine Rolle. Er war der große englische Künstler der Epoche.

Damit geschah die nachdrücklichste Abwendung von der gotisch-bunten Fachwerkhäuslichkeit und dem weißen Klassizismus jener viktorianisch-historischen Tradition, die Londons politische, gesellschaftliche und von Theatern bestimmte Zentren zwischen Bloomsbury, Mayfair, Covent Garden, Chelsea und Kensington prägten. Diese Viertel waren seit jeher reizvoll und anziehend, und daran hat sich bis heute nichts geändert, rücken doch die Hochhäuser, etwa in Nordkensington, hier nur vereinzelt näher. Besucher des 19. Jahrhunderts, als noch kein Hochhaus stand, fanden die Stadt greulich, barbarisch, nicht zuletzt wegen ihres Menschengedränges! Ein englischer Poet brachte den Schrecken der brutalen Wucht seiner Metropole dadurch zum Ausdruck, dass er den Schornsteinfegerknaben von den Dächern, auf die er erbarmungslos hinaufgeschickt wird, hinabstürzen lässt.

Die Teilung der Stadt in schön und hässlich, nobel und einfach ging ohnehin ihrer europäischen Legende voraus. Dabei spielte der Fluss, die Themse, eine Rolle, wie sie etwa der Seine nie zuteil wurde. Nur der Stadtteil nördlich der Themse, an deren Ufer das Parlament steht, hatte – und hat – Rang. Was südlich auf der anderen Seite in Lambeth

liegt, wo einst Bedlam, das berühmte Hospital für Geistes-
kranke, stand, sich aber bis heute noch der Wohnsitz des
Erzbischofs befindet, galt früher als zweitklassig. Das ändert sich langsam. Allerdings hat sich die Bewohnerschaft
von Wandsworth und Stockwell gewandelt. Waren es bis zur
Mitte des 20. Jahrhunderts Leute der unteren Mittelschicht,
Handwerker und einfache Angestellte, wurde das zum Ende
des Jahrhunderts und besonders in den letzten beiden Jahrzehnten allmählich anders: Abgeordnete des nicht weit ent-
fernten Parlaments und Intellektuelle haben den Charme der
viktorianischen Familienhäuser mit ihren großen Gärten
entdeckt. Auch Brixton, einst Szene des Aufstands der sich
unterdrückt fühlenden Einwanderer aus der Karibik gegen
die Polizei, ist heute ein von vielen internationalen Touristen
gerne besuchtes Zentrum, besonders der Einkaufsmarkt
und ein Kino mit anspruchsvollen Filmen. Seine U-Bahn-
Station ist die einzige Londons, in der es alle deutschsprachigen Tageszeitungen gibt.

Partiell gilt die Unterscheidung von Londons Wohn-
vierteln nach Klassenzugehörigkeit noch immer: Im Norden
liegt Golders Green, lange Zeit ein von deutsch-jüdischen
Emigranten geprägtes Viertel, wo in Buchläden deutsche
Bücher zu finden waren und die Bewohner untereinander
weiter deutsch sprachen. Ihre Kinder nicht mehr. Die häufigen Fehler bei deutschen Namen und Zitaten in englischen
Tageszeitungen werden mit dem Verschwinden eben der
deutschen Sprache in diesem Viertel erklärt. Südlich davon,
im an der Heide gelegenen Hampstead, wohnten einst lin-
ke Politiker und Künstler, bis in die sich südlich anschlie-
ßenden Viertel von Kilburn und Kentish Town. Heute ist
Hampstead – wie andere klassische Viertel, etwa Chelsea –
von sehr reichen Ausländern aufgekauft worden, von denen

manche dort aber gar nicht wohnen; sie lassen ihre Bediensteten nach dem Rechten schauen. Diese neue Leere passt zum Hochhaus als Ölturm, wo das Hässliche nachdrücklich nicht interessant ist.

Wenn etwas London auch im düsteren Sinn interessant gemacht hat, dann war es – sieht man von Jack the Ripper und Soho ab – der weltweite Handel. Und damit kommt man zur literarischen Fiktion, zu London als Kriminalroman, als üppig-reichem Tummelplatz der Mabobs und zu Heines Charakterisierung: »Ich habe das Merkwürdigste gesehen, was die Welt dem staunenden Geiste zeigen kann, ich habe es gesehen und staune noch immer – noch immer starrt in meinem Gedächtnisse dieser steinerne Wald von Häusern und dazwischen der drängende Strom lebendiger Menschengesichter und all ihrer bunten Leidenschaften, mit all ihrer grauenhaften Hast der Liebe, des Hungers und des Hasses – ich spreche von London.«

Über London haben Daniel Defoe, Jonathan Swift, John Gay, James Boswell, William Blake, Thomas Macaulay und andere britische Schriftsteller des 17., 18. und 19. Jahrhunderts ausführlich geschrieben: von Regenschauern, vom Jahr der Pest, dem großen Brand, von den Caféhäusern, dem Hahnenkampf und der Börse. Selbst über das Spazierengehen, auch wenn man vielleicht in Londons Straßen nie so spazierengehen konnte wie in Paris. Das Wort »Flaneur« wurde nicht hier erfunden. Wenn man sich als Ausländer die Namen der bekanntesten Londoner Orte vorsagt – Hyde Park Corner, Crystal Palace, Fleet Street, Victoria Station, Piccadilly Circus, Bloomsbury, Soho, Covent Garden –, dann entzündet eigentlich kein Name aus einer anderen europäischen Metropole unsere Imagination in vergleichbarer Weise. Für die langweilige City, mit der Bank von England als dem noch immer geltenden Finanzzentrum der Welt, hat dies jedoch keine Gültigkeit. Sie ist geradezu zum Gegenteil der Imagination geworden, ja nachgerade zur Bestätigung dessen, was es überall gibt, einschließlich des ubiquitären Weltidioms »English«. Eines aber wenigstens widersetzt sich dieser Eindimensionalität: In London überwiegen, anders als in allen umliegenden schönen Städten und Dörfern, den Home Counties, wegen der reichen Ausländer und farbigen Briten nicht die Brexiteers. Aber kann Sympathie oder Antipathie gegenüber den Einwohnern einer Stadt denn auf diese selbst übertragen werden? Das mag manchem heute einleuchten. Aber spielt es für ihre Erscheinung, ob schön, ob hässlich, ob interessant, ob zeichenhaft, wirklich eine Rolle? Sucht man nicht, wenn es um Erscheinung geht, gerade die Präsenz ihrer Geschichte? Siehe Rom, Paris und Berlin. Es verhält sich inzwischen so: Sowohl die Brexiteers als auch die Mehrheit der aus den Kolonien Stammenden, seien es Afrikaner, Pakistaner oder Inder, sind der Präsenz dieser Geschichte abträglich. Sie rauben dem englischen Timbre dieser berühmten Vergangenheit etwas, ob sie sich dazugehörig fühlen oder nicht. So haben es namhafte englische Autoren gesehen, und so sehen sie es auch jetzt.

Die neuen Hochhäuser an der Themse, aber auch in der City neben der Kathedrale St. Paul, sind der Triumph des Verschwindens des Alten, wie es schon Baudelaire für Paris so beklagt hat. Auch angesichts von London muss man sagen: Das alte London existiert nicht mehr. Die Form einer Stadt ändert sich schneller als das Herz eines Menschen. Der Unterschied zu Paris ist der, dass die französische Metropole ihr Herz nicht verloren hat. London verliert sein Herz, jeden Tag mehr.

Literatur verstehen

Darüber gab es einmal heftige Debatten. Sie waren Ausdruck theoretisch begründeter Auffassungen darüber, wie moderne Literatur – es ging meist um Prosa – geschrieben werden müsse. Thomas Manns *Die Buddenbrooks* von 1901 oder Döblins *Berlin Alexanderplatz* von 1929 als Musterromane? Es liegt nahe, wofür man da votierte. Nach dem Zweiten Weltkrieg wurde das Kriterium der avantgardistischen Form, geprägt von Virginia Woolf, Franz Kafka, James Joyce oder Alfred Döblin, wieder erneuert. Da ging es heiß her. Innovation! Innovation der Form ist gut und schön, aber nicht endlos fortsetzbar. So ist inzwischen Theodor Fontane wiederentdeckt worden, und Robert Musil, der eine tiefe Abneigung gegen die avantgardistischen Formen der modernen Literatur und ihre Diskussion hegte, ist entgegen der Debatte wohl definitiv seit den fünfziger Jahren des 20. Jahrhunderts zum Paradigma der modernen deutschsprachigen Literatur geworden. Das heißt: Es geht mindestens so sehr um die Imagination wie um die Darstellungsform.

Diese Einsicht kann aber ganz schön in die Irre führen und sogar gefährlich werden: im Blick auf Inhaltlichkeit, bei der mehr denn je über Originalität oder Konventionalität entschieden wird. Arthur Schopenhauers Unterscheidung wird hier wieder relevant: zwischen Schriftstellern, die »schreiben, ohne zu denken«, Schriftstellern, die »während des Schreibens denken«, und Schriftstellern, die »gedacht haben«, ehe sie ans Schreiben gehen. Der nicht denkende Schriftsteller, so Schopenhauer, nehme den Stoff nicht aus seinem eigenen Kopf, sondern aus schon bekannten Büchern. Hinzufügen wäre: aus der öffentlichen Diskussion, vor allem solcher, die jedermanns Leben betrifft. Erotische oder berufliche Verlusterfahrung ist als Thema besonders attraktiv. Mit einem Wort: eine Literatur, die Lebenshilfe anbietet; das läuft auf die harmlose, aber beliebte Thematik hinaus, die alltägliche Wirklichkeit zu wiederholen, sie einfach nur zu duplizieren.

Imaginative, einfallsreiche Romane haben damit nichts zu tun. Überhaupt bietet der Roman, sofern er wirklich Literatur ist, keine Nachahmung der Wirklichkeit, sondern entspringt der ästhetischen Illusion. Das hat der Philosoph Hans Blumenberg nachdrücklich deutlich gemacht. Ebenso der französische Historiker Jules Michelet hundert Jahre zuvor: Der hatte nämlich dem Roman bereits vorgeworfen, dass er die »Manifestation einer Illusion« sei, nicht das Produkt geschichtlichen Denkens.

Besonders deutlich wird das, wenn scheinbar die Wirklichkeit, etwa eine historische Epoche, das Thema ist: etwa am Realismus der vier herausragenden französischen Romane des 19. Jahrhunderts. Sie scheinen die Gesellschaft ihrer Epoche buchstäblich zu wiederholen: Das gilt für Stendhals *Le rouge et le noir* von 1830, Balzacs *Illusions perdues* von 1837-1843 und *Splendeurs et misères des courtisanes* von 1838-1846 sowie Flauberts *L'éducation sentimentale* von 1869 gleichermaßen. Pralle Themen, besonders bei Balzac, aber ihre Inhalte sind verwandelt in hintergründige Gehalte. Hofmannsthal hat diese Fähigkeit bei Balzac sogar mit Shakespeares Einbildungskraft verglichen. Das wäre differenziert zu sehen, denn Balzac wollte durchaus zum Soziologen der französischen Gesellschaft werden. Daher die seitenlangen Ausführungen über die neue Technik der Papierherstellung oder über die Praktiken der nur am Verdienst, nicht an der Qualität ihrer Bücher interessierten Pariser Buchhändler und Verleger einschließlich des von ihnen unterhaltenen Literaturbetriebs. Daher auch seine Auslassungen über die Geschäftsmethoden der Bankiers.

Nehmen wir die Schilderung des Opernballs zu Beginn von *Splendeurs et misères des courtisanes*. Was ist das anderes als eine fast cineastische Inszenierung solch eines Balles, eine Wiederholung des Gesellschaftslebens, wo es sich am glänzendsten zeigt: Welch ein Realismus! Und dennoch macht nicht dieser das Buch letztlich zu großer Literatur. Denn hinter der Oberfläche seiner Wirklichkeit liegt etwas anderes verborgen: Bilder, die als Zeichen zu entdecken sind. Die Masken des Opernballs sind geradezu Allegorien: Wie sich die menschliche Komödie in verschiedene Tragödien auflöst. Dann ist da noch das Geheimnis der Identität des Helden Lucien de Rubempré und seiner Geliebten, der Kurtisane Esther, da ist das Geheimnis des ehemaligen Banditen und Mörders Carlos Herrera, der den ehrgeizigen, aber unsicheren Jüngling beschützt – ein regelrecht pittoreskes Milieu voller Abenteuer-Motive. Als Vergleich könnte einem Dumas' Roman *Le comte de Monte Christo* (1844-1846) oder Eugène Sues *Les mystères de Paris* (1842/1843) einfallen, auch Alexander Dumas' des Jüngeren Roman *La dame aux camélias* (1848), so sehr überschneiden sich die unheimlichen Vorkommnisse. Doch auch wenn die Gefährdungen von Balzacs Figuren, Abenteurern und Verbrechern, dramatisch in Szene gesetzt sind, ist der Gegensatz von Gut und Böse – und der ergibt den Spannungsbogen bei den Dumas wie bei Sue – bei Balzac dennoch sehr viel stärker nuanciert. Es handelt sich dabei nämlich keineswegs um das herkömmliche Schuld-Sühne-Ritual! Schließlich ist das Böse hier nicht immer nur böse und das Gute nicht immer nur gut. Der schuldige, aber nicht böse Held ist nicht eigentlich schuldig, stirbt aber von eigener Hand. Der omnipotente Verbrecher überlebt mit Bravour. Nicht Sue und nicht die Dumas sind also Balzacs Confrères in der Fähigkeit, einem Publikum mit geheimnisvollen Themen Anlass zum Denken über seelische Tiefendimensionen zu geben, sondern Stendhal und Flaubert.

Stendhals *Le rouge et le noir* ist die Geschichte Julien Sorels, des hochbegabten Sohnes eines einfachen, brutalen Müllers. Julien entkommt seinem Milieu als Hauslehrer des adligen Bürgermeisters der kleinen Stadt und gerät dabei in eine Liebesaffäre mit dessen Frau, die sich ganz am Ende zum Unheil steigert und ihn den Kopf kostet. Diesem Ende, welches das heroische Selbstverständnis Juliens zeigen soll, geht aber die intensive romantische Liebschaft mit Mathilde de la Mole voraus, der Tochter seines neuen hochadligen Arbeitgebers. Der zentrale Gehalt des Romans ist die Zweideutigkeit in der erotischen Emphatik dieser Liebenden, eine erzählerische Version von Stendhals Essay *De l'amour*.

Bei Balzacs Held Lucien, trotz seines Adelstitels von einfacher Herkunft, ist es ebenfalls eine unkontrollierte Leidenschaftlichkeit, das schiere Gefühl, das ihn ins Verderben treibt. Gemeinsam ist beiden jungen Männern der Unmut darüber, in einer unheroischen, eben nachnapoleonischen Epoche zu leben, die sie ihrerseits auf eine quasiheroische Weise hinter sich lassen wollen. Gewiss, das ist ein Hinweis auf die historische Situation, eine Referenz auf eine sich ausbreitende Frustration. Aber das bleibt an der Oberfläche. Die Offenlegung einer solchen psychologischen Intensität jedoch rührt an etwas Verborgenes. An ein seelisches Pathos, das sich in unterschiedlicher Weise darstellt.

Auch Flauberts Schilderung des Scheiterns des jungen

Mannes Frédéric Moreau, eines Jurastudenten, an Leben und Liebe, am traurigen Sich-Verfehlen seiner Liebe zu Madame Arnoux, der Frau eines Pariser Kunsthändlers, bekommt ein Surplus durch die besondere Perspektivierung. Diese Geschichte ist so erzählt, als entspräche dem Leben ohnehin keine wirkliche Existenz, als existiere diese nur in der Erzählung. Der Literaturkritiker Paul Bourget hat das folgendermaßen formuliert: Es ist die Geschichte von jemandem, der sich immer nur ein böses Bild vom Leben macht, bevor er das Leben überhaupt erfährt. Das gelte für alle Personen Flauberts und vielleicht auch für ihn selbst. Damit haben wir die Erklärung dafür, dass auch hier die Schilderung des Alltags dem Leser nichts Alltägliches vor Augen führt, sondern etwas Fremdartiges.

In allen drei Fällen ist das publikumswirksame Motiv die Geschichte vom einfachen jungen Mann, der, aus der Provinz kommend, in Paris Karriere machen will, aber daran, jeder auf seine Weise, scheitert. Entweder endet er auf dem Schafott, an der eigenen Krawatte oder in absoluter Depression. Diese erschreckenden Ereignisse sind aber nicht Höhepunkte in Plots von Abenteuerromanen. Sie sind Höhepunkte komplexer, wenn auch sehr unterschiedlicher Seelenzustände und -vorgänge.

Im strengen Sinn der Frage nach dem Leben in der Literatur geschieht das in allen guten Romanen. Balzac erzählt zwar über weite Strecken Wissenswertes, aber er lässt uns das Unbekannte an den Charakteren erkennen. Julien Sorels Verachtung der höheren Gesellschaft schildert Stendhal nicht etwa als Einsicht in die Mechanismen dieser Klasse. Es geschieht um der Intensität des Denkens und Empfindens willen. Und so bleibt das ungeheure Leben in der Metropole und in der besseren Gesellschaft, das Lucien und Julien schließlich umgibt, ein Sich-Ereignen innerhalb ihrer eigener Natur. Die Empfindungen beider jungen Männer dienen nicht als Medium für die Darstellung des Zeitalters, sondern sie bedienen sich selbst. Beide sind und bleiben Figuren eines einzigartigen psychischen Bedrohtseins. Die Darstellung ihres Lebens ist die Beschreibung existentieller Selbstwahrnehmung, und diese ist einzigartig, nicht repräsentativ. Letztlich vollzieht sich an ihnen ein Erkenntnisakt des Dichters, dem an nichts weniger gelegen ist als daran, dem geläufigen Wissen über die männliche Jugend dieser Epoche ein Denkmal zu setzen.

Dem nicht unähnlich, verdankt auch der Roman *Krieg und Frieden* (1865-1867) seinen Ruhm zunächst dem Stoff. Doch werden das Gemetzel zwischen Napoleons in Russland eindringender Armee und den Truppen des sein Land verteidigenden russischen Generals Kutusow ebenso wie die Gespräche zwischen Pierre und dem Fürsten Andrej interessant erst durch das, was hinter den historischen Fakten liegt, ein uns noch Unbekanntes: die Abgründigkeit des Sterbens und die Abgründigkeit der Reflexionen, Phantasmen.

Es ist somit vor allem stets der Stil, der die Inhalte in Gehalte umkippen lässt. Dies gilt später auch für die berühmten amerikanischen Autoren der Nachkriegsepoche in der zweiten Hälfte des 20. Jahrhunderts: John Updike, Thomas Pynchon, Philip Roth, Saul Bellow. Ihre Sprache nimmt uns in Beschlag, bevor man überhaupt erkannt hat, worauf der Roman thematisch aus ist.

Nehmen wir als weitere Beispiele zwei berühmte Kriegsromane des 20. Jahrhunderts: William Faulkners *The Unvanquished* von 1938 und Claude Simons *La route des Flandres* von 1960. Faulkners Schilderung des amerikanischen Bürgerkrieges Mitte der sechziger Jahre des 19. Jahr-

hunderts und Simons Darstellung der französischen Niederlage im Frühsommer 1940 sind Produkte eines extravaganten Stils, der die objektive historische Wirklichkeit in
subjektive Wahrnehmungen auflöst.

Der amerikanische Bürgerkrieg war im Bewusstsein
vieler Amerikaner nie zu Ende gegangen, und auch Faulkner
blieb tief darin verstrickt. Man würde also erwarten können,
dass die patriotisch aufgeladene Thematik, die kulturelle
Überlegenheit des alten Südens, wie Faulkner sie sah, ausgesprochen und die Darstellung auf einschlägige ideologi-
sche und physiologische Charakteristika hinauslaufen würde, wie sie oft schon wiederholt wurden und immer wieder
gern gelesen werden: auf der einen Seite der aristokratische
Stolz der besiegten Gutsherren von Virginia und Mississippi, auf der anderen die egalisierende Banalität der siegreichen
Yankees in ihrer industriellen Überlegenheit. Das entspräche auch Faulkners skeptischer Einschätzung der Rolle der
Schwarzen in der amerikanischen Zivilgesellschaft. Aber
von all dem wird im Roman nur verdeckt gesprochen. An
die Stelle des politischen Universums oder der historischen
Idee tritt der Detaillismus provinzieller Einzelheiten. Dieses
Prinzip, grundsätzliche Aussagen zu vermeiden, hat Faulkner später dann sogar einem jungen schwarzen Lyriker drin-
gend empfohlen: Er müsse sich darin üben, seine Ideen nicht
unmittelbar expressiv auszudrücken.

Derartige Details können in Faulkners Romanen als
ein Stück Landschaft, als der unmittelbare Ausdruck eines
Gesichts, als undeutbare Sinnlichkeit in Erscheinung treten.
So die Schilderung der für den Süden verheerenden Niederlage in der Schlacht von Vicksburg, Mississippi, der Heimat
des jungen Helden. Die Schlacht wird ins Spiel des Jungen
und seines schwarzen Freundes versetzt, in eine Ansamm-

lung von Holzspänen, in aufgewühlte Erde und Wasser aus
einem Brunnen, das den Fluss in der Nähe des Schlachtge-
schehens abbilden soll. Über dieses Spiel heißt es, es möge
»einen Schild zwischen uns und die Wirklichkeit, zwischen
uns und dem Geschehen und dem Verhängnis aufstellen«.
Liegt darin Faulkners Erklärung der Wirklichkeit und ihrer
literarischen Darstellung? Das Detail entzieht sich jedenfalls
dem historischen Gedächtnis, insofern historische Betrachtung ein Ereignis wie den Bürgerkrieg nur zusammenfasst
und mit dem Stempel eines Urteils besiegelt. Selbst eine Jah-
reszahl wird nicht genannt, die Rede ist von »jenem Sommer«, und der Erzähler erwähnt lediglich, dass er damals
zwölf Jahre alt gewesen sei. Gedächtnis ist hier auf andere
Weise präsent: Es vermeidet sich anbietende Klischees und
vermeintliche Gewissheiten über die Vergangenheit. Die auf-
gerufenen Bilder verwandeln das Vergangene in eine Kette
isolierter Eindrücke und Vorstellungen: das sengende Son-
nenlicht, die schimmernden Körper der schwarzen Sklaven,
die Gestalt der Großmutter, die kämpferische Erscheinung
des Vaters auf dem Pferd. Das Einzelne bekommt lakonische
Intensität und Autonomie, vor allem die Figur des Vaters:
als tragische Figur des geschlagenen, aber nicht wirklich
besiegten Südens. Auch er bleibt bis zum Ende rätselhaft.
Nicht zuletzt dadurch, dass er später von einem geschäft-
lichen Konkurrenten erschossen wird und die Schilderung
des nicht vollzogenen Racheversuchs durch den nun zwan-
zigjährigen Sohn das Geschehen vage verbirgt. Historisches
Erinnern geht also in poetisches Gedächtnis über. Die Vergangenheit wird in Faulkners Roman zu einer phantastischen Erscheinung, weil sie nie als gedeutete sichtbar ist. Sie
hört nicht auf, zur Deutung anzuregen, ganz im Sinne dessen, was Faulkner einst gesagt hat: »The past is never dead.«

Was zur Apotheose des Ereignisses in einer üblichen Erinnerung werden könnte, bleibt hier völlig auf der Strecke!

Dem entspricht es, dass die Personen so handeln, als ob sie in einem unbewussten, traumhaften Zustand lebten. Charakteristisch hierfür die Versicherungen: »ich merkte nicht«, »ich sah nicht«, »ich hatte vergessen«. Wo nur angedeutet wird und scheinbar bloß Akzidentielles auftaucht, dort bekommt Literatur einen imaginären Effekt. Ein Pathos des Inkommensurablen legt sich über die Welt. Es entstehen transsubjektive Bilder, obwohl die Subjektivität des Erzählers deutlich bleibt. Es wird kein historisches Wissen mitgeteilt. An seine Stelle tritt das imaginative Erinnern.

Wenn derart in zeichenhaften, manchmal symbolisch wirkenden Effekten geschrieben wird, dann ist die Realität transzendiert, und das heißt: Die historische Epoche wird nicht historisch identifiziert. Aber eben darin kommt sie ihrer Wahrheit näher. Denn der namentlichen Benennung entgeht ihre Verborgenheit. So wird dann auch die Gegenwart emphatisiert, wenn ihre vergangene Geschichte als Mythos zurückkehrt.

Ebenfalls vorherrschend ist die Kriegsthematik in Claude Simons Romanen. Und auch bei ihm wird sie durch eine emphatische Darstellungsweise in etwas Unabsehbares verwandelt. Seit dem vierten, sofort berühmt gewordenen Roman *La route des Flandres* bis hin zu den Romanen *Les Géorgiques* (1981) und *L'acacia* (1989) – diese spielen in der Zeit zwischen Napoleons Siegen und den Niederlagen von 1870/71 – wird der Krieg bei Simon in eine mythologische Sphäre transponiert: Die Darstellung des nie endenden Desasters der europäischen Geschichte findet Bilder, die zu Emblemen des Unveränderlichen werden. Es sind fatalistische Bilder, aber eben ohne eine geschichtsphilosophische

Perspektive, ohne eine sich schnell anbietende Deutung. Statt dessen das mythologisierte Bild eines militärischen Reiters vor oder während seines tödlichen Sturzes.

Diesen erblicken wir in atemraubender Anschaulichkeit zu Beginn des Romans *La route des Flandres*: Die Kavallerieabteilung des adligen Rittmeisters de Reixach, dessen noble Herkunft bedeutsam wird für die zu erzählende Geschichte, gerät unter das Feuer deutscher Maschinengewehre, und er wird tödlich getroffen. Dieser Vorfall wird erweitert zum Thema der Niederlage der ganzen französischen Armee 1940 im Nordwesten Frankreichs. Ein Land geht unter. Die entvölkerten Obstgärten und Dörfer – Bilder einer Erstarrung, die in der Schilderung des Todes von Rittmeister de Reixach eine Metaphorisierung erfahren, in der das sich ausweitende Geschehen des Romans in nuce enthalten ist: »wie zum Beispiel sein Reflex den Säbel zu ziehen als jene Feuergarbe ihn von hinter der Hecke voll erwischte: einen Augenblick lang habe ich ihn so mit erhobenem Arm diese zwecklose lächerliche Waffe zücken sehen in der ererbten Geste eines Reiterstandbilds die ihm wahrscheinlich Generationen von Haudegen überliefert hatten, eine dunkle Silhouette im Gegenlicht das ihn verblassen ließ als wäre er samt seinem Pferd aus ein und demselben Material gegossen, einem grauen Metall, indes die Sonne sich einen Augenblick auf der blanken Klinge spiegelte dann das Ganze – Mann Pferd und Säbel – in einem Stück zur Seite kippte wie ein Reiter aus Blei der von den Füßen her zu schmelzen begänne zuerst langsam dann immer schneller auf die Flanke sinkend, mit noch immer erhobenem Säbel verschwindend hinter dem Wrack jenes ausgebrannten Lastwagens der dort zusammengesackt war unanständig wie ein Tier«.

Eine Wörterfolge fast ohne Punkt und Komma. Zugleich wird in diese Szene die Schilderung der Untreue der eleganten Ehefrau des Rittmeisters, ja, die wiederholte Untreue weiblicher Vorfahren der berühmten Familie zu Ende des 18. Jahrhunderts überhaupt eingehen: Das Ereignis des Todes unter feindlichen Maschinengewehrgarben und das Ereignis des fleischlichen Miteinanders der Rittmeistersgattin und eines einfachen Soldaten ergeben gemeinsam die Evokation eines von jeher sich wiederholenden archaischen Geschehens: das Ineins von Kampf und Sexualität. Deren Zusammengehörigkeit wird nicht etwa pointiert durch die erwartbare Erwägung, dass der Rittmeister, die Untreue seiner Frau ahnend, den Tod auf der Landstraße gesucht haben könnte. Die Idee, dass der Tod auf dem Schlachtfeld, ein Ereignis der Geschichte, und die körperliche Vereinigung der Offiziersgattin mit einem Gemeinen, ein Ereignis der Natur, die beiden Seiten eines und desselben Geschehens sind, wird nicht direkt ausgesprochen. Man hat diesen Zusammenhang zu entdecken und entdeckt ihn. Wäre es anders, liefe der Roman eben auf das zu Vermeidende hinaus, nämlich auf Warnung und Gewissen, er würde zum Humanitätsgestus, eben zur Moral von der Geschichte.

Doch genau das lag Simon fern. Die Darstellung vom Tod des Rittmeisters erscheint vor uns als ein Phänomen: kein Wort über den deutschen Feind, keine psychologische Erläuterung. Nur indirekt sind in der Schilderung Urteile über diesen Krieg und die französische Armee von 1940 enthalten: Dass Kavallerie eingesetzt wird gegen deutsche Panzerverbände, der Hinweis auf den anachronistischen Zustand der Armee – ein Thema, dessen sich Marc Bloch schon 1940 in *L'étrange défaite* (erschienen 1946) angenommen hatte. Anstatt aber diese Sachverhalte in gleicher Weise zu benennen, erfindet Claude Simon das Bild von der sinnlosen kriegerischen Geste des erhobenen Säbels und demontiert damit die Tapferkeit im Bild des schmelzenden Reiters als eine anachronistisch-naive Reaktion, die das Nichtbegreifen der militärischen Lage besiegelt. Nichts davon ist diskursiv ausgesprochen. Die Soziologie der französischen Armee, das herablassende Verhalten ihrer Offiziere gegenüber den partiell sie hassenden Soldaten, die Soziologie der französischen Gesellschaft der dreißiger und vierziger Jahre, all das wird in Bildern in Szene gesetzt, aber keineswegs wirklich erklärt.

Diese Überfälle von Bildlichkeit – man nennt das auch ekphrastischen Stil – lassen sich charakterisieren mit dem Begriff einer »composition par tableaux«. Der Hauptsatz gerät zu einer Kette von Appositionen und Nebensätzen, ohne dass diese durch Satzzeichen markiert würden. Auch hier wäre für den minderen Schriftsteller wohl Anlass gewesen, auf die als Schande verstandene Kollaboration oder auf die schmähliche Niederlage bedeutungsvoll hinzuweisen. Kein Wort hierzu, allenfalls melancholische Situierung. Statt dessen die metaphorische Herausstellung des Krieges als Geschichtsprozess. Was bei Simon so lakonisch demonstriert ist, wird durch andere bedeutende Romane des 20. Jahrhunderts bestätigt. Auch in den signifikanten Büchern unserer Epoche von Julian Barnes bis hin zu Cees Nooteboom: Die Schilderung gesellschaftlicher, politischer und psychologischer Ereignisse hat nichts mit wissenswerter Information zu tun, nichts mit Lebenshilfe.

Diese aber wird neuerdings um so häufiger angeboten und von der Literaturkritik sogar gepriesen. Dabei ist es dem Roman natürlich nicht abzusprechen, aktuelle Gedanken auszudrücken, doch schaffen es nur gute Romane, solche vorzubringen, die noch nicht ausgedrückt wurden. Selbstverständlich kann es interessant sein zu lesen, wie es um politische Information oder die kulturpsychologische Konsequenz des naturwissenschaftlichen Denkens steht. Danach wäre insbesondere anlässlich von Ian McEwans aktuellem utopischen Roman *Machines Like Me* (2019) zu fragen. Geht es ihm um die Beglaubigung von Theorien über Künstliche Intelligenz? Oder vermag es McEwan, aus seinem unheimlichen Thema, der Gestalt eines mit Gefühl, Erotik und Intelligenz ausgestatteten schönen Roboters, den Funken der Imagination, des Phantastischen zu schlagen wie vor zweihundert Jahren Mary Shelley in *Frankenstein* (1818)? Wohl kaum.

Die unruhigen Seelen von Romanfiguren – es sind nicht alle wie Stendhals Julien Sorel – sind eine literarisch besonders heikle Sache, nicht allein, weil sie sich an Flauberts *Madame Bovary* (1856) zu messen haben. Hier insbesondere droht die Kontaktsuche mit den sich identifizierenden Lesern in jene seichten Gewässer zu geraten, in denen viele so gerne baden. Die selbstdiagnostische Prosa der irischen Schriftstellerin Eimear McBride (*The Lesser Bohemians*, 2016) und noch immer Edna O'Brien (*The Country Girls*, 1960; *Girl*, 2019) finden hingegen sicheren Halt und heben sich als große Literatur nachdrücklich ab: in der Schilderung von Intensität und Groteske des sexuellen Augenblicks, ohne jedes kulturkritische Bekenntnis für oder gegen etwas. Und auch Julian Barnes hat seinem vorletzten Buch, *The Only Story*, einer Liebesgeschichte, ein emphatisches Motto vorausgeschickt, das sich zu diesem Thema als dem literarischen schlechthin bekennt. Aber dieses private Bekenntnis impliziert keine sentimentale Versicherung, kein einschlägiges Angebot an den Leser, sich in etwas Landläufiges hineinziehen zu lassen. Wie kaum ein anderer zeitgenössischer Dichter – vielleicht abgesehen von Peter Handke – hat Barnes der privaten Erinnerung den Klang des Epos zu geben versucht. Da hat die falsche Kontaktsuche mit dem nach Lebenshilfe hangelnden Leser keine Chance. Die Realität bekommt bei aller Wirklichkeitsdichte einen transrealen Sound.

Diese Bedingung für gelungene Literatur ist keine so neue Erkenntnis. Auch Cesare Pavese hatte vor einem die Wirklichkeit nachahmenden Realismus gewarnt, als er schrieb, man müsse eine »symbolische« Darstellung erfinden. Schließlich komme es nicht darauf an, einfach etwas zu erzählen, auch nicht darauf, sich selbst zu erzählen. Entscheidend sei der Stil, wie er sich auch in Paveses eigener Prosa zeigt, ob in *La bella estate* von 1940 oder in *Tra donne sole* von 1949. In beiden Romanen verbinden sich drastische Realität und sonore Einsicht. Man habe, so Pavese in seinem zwei Jahre nach seinem Selbstmord veröffentlichten Tagebuch, eine »geistig-stilistische Situation« zu erschaffen. Veristisches Erzählen jedoch lasse eben das außer acht. Dabei ging es Pavese natürlich nicht um einen Symbolismus in der Nachfolge des *Fin de siècle*. Es ging ihm um eine Realitätsdarstellung, die sich dem plakativ schon Bekannten entzieht und im literarischen Akt eine neue Erkenntnis der Realität gewinnt. Die Transzendierung der Realität durch imaginäre Bilder wie bei Faulkner – das war Paveses Gedanke, als er von der Verbindung des Realen mit dem Symbolischen schrieb.

Man kann sich das auch selbst erklären an einem Paradigma der deutschen Klassik des 18. Jahrhunderts: an Strophen in einigen Hymnen Hölderlins, ihren spezifischen Wörtern. So heißt es in »Brod und Wein«: »Wo, wo leuchten sie denn, die fernhintreffenden Sprüche? / Delphi schlummert und wo tönet das große Geschick? / Wo ist das schnelle? wo brichts, allgegenwärtigen Glücks voll, / Donnernd aus heiterer Luft über die Augen herein?« Oder in »Wie wenn am Feiertage ...«: »Jetzt aber tags! Ich harrt und sah es kommen, / Und was ich sah, das Heilige sei mein Wort.«

Man ist durchaus verführt, hier eine Idee zu identifizieren. Vielleicht fände man sie sogar. Es wäre aber keineswegs eine »Idee«, die den Leser berücken könnte! Es sind die Wörter für das Ereignis, die ihn förmlich überfallen. Zwar klingt »Delphi« in seinen Ohren geradezu wie »das Heilige«. Und doch genauer: Verwandelt in die metaphorische Darstellung einer so noch nie gelesenen Lage. Wendungen wie »das schnelle«, »über die Augen herein«, aber auch »Ich harrt und sah es kommen« überraschen, sie ziehen den Leser ab von inhaltlichen Identifikationen – nicht das, was geschieht, beherrscht seine Aufmerksamkeit – und hin zu einem so noch nicht gekannten Situationismus des Wie. Wie etwas geschieht – das ist Literatur.

Außer Atem oder *Der Leopard*

Filme haben heute nicht mehr dieselbe Bedeutung wie vor vierzig Jahren. Damit war es schon 1980 vorbei, als die Nachkriegsepoche endgültig zu ihrem Ende kam. Zu Ende gegangen war die Epoche des Films zwar schon 1970. Aber es schwappte hier und dort noch etwas von ihr über, ähnlich wie bei der Pop-Kultur, die ihrem Mythos ja eigentlich den Dolchstoß versetzt hatte und trotzdem weiterging. Die Nachkriegszeit hatte den Film zu ihrem Sprecher gemacht, mehr als die Literatur und die bildende Kunst. Sprecher heißt: Man entdeckte sich selbst in den Gefühlen und in der Sprache der Filmschauspieler, man nahm ihre Weise zu sein in sich auf.

Begonnen hatte das schon mit den Vorkriegsfilmen Marcel Carnés, mit Filmen wie *Le jour se lève*, *Hôtel du Nord* und *Quai des brumes*, alle Ende der dreißiger Jahre, 1938 und 1939, entstanden. Seit Ende der vierziger Jahre gehören sie zum Kanon, aber auch zur Zeit ihrer Entstehung waren sie bereits konkurrenzlos gewesen. Dass der Zyniker Houellebecq diese Filme ridikülisiert hat, spricht für ihre beständige Schönheit. Ob die Szene in der Stadt Paris spielte oder an einem ihrer Kanäle oder in einer Stadt an der normannischen oder bretonischen Küste, immer hatte sich eine wunderbare Melancholie über sie gelegt, auch wenn die Gestalten lachten.

Gewiss, Carné hat auch in den vierziger und fünfziger Jahren noch große Filme gemacht, vor allem *Les Enfants du paradis* (1945) mit Jean-Louis Barrault und Arletty oder

Thérèse Raquin (1953) mit Simone Signoret und Raf Vallone. Aber es sind die Filme der Enddreißiger, deren Atmosphäre es in sich hat. Durchweg Liebesgeschichten, in denen Jean Gabin und Michèle Morgan oder Arletty unterschiedliche Schicksale durchlebten. Soldaten, Arbeiter, Angestellte – sie alle verstrickten sich in das Lebensgefühl jener Epoche vor dem Krieg. Und das zeigte sich im Grau des Nebels am Meer oder an den Schwaden einer nahen Fabrik, vermischt mit dem Lächeln oder der Schwermut von Paaren.

Der Zuschauer ergab sich diesem französischen Lebensgefühl zwischen Chance und Tragödie. Die bedeutenden Filme der Nachkriegszeit hatten diese proletarische Noblesse durch eine andere Faszination ersetzt. Das melancholische Kollektiv, in das die Helden und Heldinnen von 1938 und 1939 noch eingeschlossen waren, verschwand, und man bekam es mit nachdrücklich isolierten Akteuren zu tun, die im Gegensatz zu ihren schweigenden Vorgängern ihren Gefühlen und Gedanken redend Ausdruck verliehen.

Zwei Typen zeichnen sich unter den klassischen Nachkriegsfilmen ab: Zum einen die absurd-ironischen Dialogfilme der *Nouvelle Vague* mit ihren blitzenden Einfällen von Jean-Luc Godard (*À bout de souffle*, 1960), von François Truffaut (*Les quatre cents coups*, 1959), von Claude Chabrol, Éric Rohmer und Michelangelo Antonioni, zum andern die mythologisch-epischen Filme von Federico Fellini (*La strada*, 1954), Luchino Visconti (*Rocco e i suoi fratelli*, 1960, und vor allem *Il Gattopardo*, 1963). Machten die wunderbaren Vorkriegsfilme träumen, so elektrisierten die Filme der *Nouvelle Vague* zunächst mit ihren Dialogen, den Gesprächen ihrer Figuren untereinander. In zweiter Linie auch mit ihren unvorhersehbaren Vorkommnissen. Darin waren sie dramatischer als die Filme Carnés, selbst wenn man *Thérèse*

Raquin und den später entstandenen Film *Les assassins de l'ordre* von 1971 mit einbezieht.

Was die beiden so unterschiedlichen wie bedeutsamen Nachkriegsfilme *Außer Atem* (*À bout de souffle*) und *Der Leopard* (*Il Gattopardo*) von den Filmen der dreißiger Jahre unterscheidet, das ist ihre bei aller thematischen und stilistischen Differenz spezifische Botschaft. Geht es in dem einen Film um das Verständnis der Gegenwart, so in dem anderen um das der Vergangenheit, wobei in beiden Filmen eine existentielle These, also ein unmittelbarer Kommentar zum Selbstverständnis des Zuschauers, enthalten ist.

Godards *Außer Atem* hat die Filmjugend Europas angehaucht. Etwa so: Ach ja, so anders ist das mit der Liebe! Denn was spielt sich zwischen Jean-Paul Belmondo und Jean Seberg ab? Eine einerseits sehr profane, andererseits sehr hintergründige erotisch-sexuelle Erfahrung. Sie ist zeitlich begrenzt. Es sind nur wenige Nachmittage, an denen sich eine Liebesgeschichte im Hotel entwickelt. Es geht selbstverständlich physisch zu, im Bett. Aber immer bleiben die beiden im Gespräch. Mit den ständigen prosaisch-nachdenklichen Einfällen Belmondos. Es gibt nicht die sogenannte Sexszene wie in konventionellen Liebesfilmen. Die beiden liegen nackt unter der Bettdecke, aber daraus wird nichts Nacktes. Gerade deshalb entfaltet sich die Physis der Liebe ohne theatralischen Beigeschmack. Eine Abbildung des Alltags ist es deshalb aber noch lange nicht. Der Liebesszene eignet ein Existentielles ahnender Ausdruck. Dazu gehört die Fragwürdigkeit, Emotionen überhaupt einen Namen zu geben. Psychische Zustände kippen ins Gegenteil. Ganz gegensätzliche Augenblicke sind es, die zum Grübeln zwingen. Die Sehnsucht findet keine expressiven Worte. Es sind Gesten, es ist das Mienenspiel, wie in jener Szene, als der von

Belmondo gespielte Kleinkriminelle, von einem idiotischen Polizisten tödlich getroffen, verendet. Ihm bleibt gerade noch soviel Zeit, sein Leben mit einer sarkastisch-melancholischen Geste auszuhauchen. Er drückt sich selbst die Augen zu, und sein Gesicht zeigt jene Grimasse, mit der er immer vor dem Spiegel posiert hatte.

Das ist schwerer Tobak – bei enorm existentiellem, wenn auch unterkühltem Pathos. Die Filme der *Nouvelle Vague* haben von Beginn an den physischen Rest der Welt ins Zentrum gerückt. Godard lässt seine beiden außer Atem geratenen Helden einander fragen, mit wie vielen anderen sie schon geschlafen hätten. Belmondo deutet mit dreimal hochgehobenen Händen an, dass es dreißig gewesen sein müssen. Sie dagegen gibt nur acht Liebhaber für ein paar Nächte zu. Die fast gleiche Frage stellen Journalisten einem Filmregisseur, der, nach seinem Auftreten und Gehabe zu schließen, berühmt sein muss. Dieser – beiläufig nonchalant, so als wäre er der neue Denker der Epoche – wiederholt die Geste mehrfach mit beiden Händen, hebt immer wieder zehn Finger in die Höhe: Offensichtlich können es hundert gewesen sein. Nein, er korrigiert: Frauen könnten so viele Liebhaber haben, wie sie wollten. Vorher hatte er auf die Frage nach dem Sinn der Existenz die Antwort gegeben: »Unsterblich werden und dann sterben.«

Hat der von Belmondo gespielte Charakter das vorgelebt? Die Hinnahme des Unvermeidlichen in einem halbkriminellen Milieu. Das irgendwie traurige, aber niemals abgeneigte Interesse der Männer am weiblichen Körper, die sich wie selbstverständlich darauf einlassenden stummen Reaktionen der Frauen. Und dann die Sprache dazu! Wendungen wie »Mit ihr schlafen zu wollen«, »sie anfassen zu wollen« – und anschließend der Wortwechsel darüber, was solche Redensarten bedeuten. Der Existentialismus dieser Sprache und Handlungen, wenn man sie so nennen will, erhebt keinen diskursiven Anspruch, hebt keinen pädagogischen Zeigefinger. Das Gesagte bleibt lakonisch. Und gerade das gibt ihm seinen existentiellen Sinn.

Erzählerischer, wenn auch lapidar in seiner Schrillheit, ist Truffauts *Tirez sur le pianiste* (1960) mit Charles Aznavour, Marie Dubois und Michèle Mercier, ein Film, in dem nicht er, sondern sie stirbt. Sie wird erschossen. Auch hier kommen die Dialoge nicht daher wie die Sprechblasen in Liebesfilmen. Mit einer Selbstverständlichkeit der Gesten, unter Hinnahme des Unvermeidlichen, treten die auf, die entweder nicht sagen, was sie sagen wollen, oder die eine Sprache sprechen, die pointiert eben das sagt, was man immer nur denkt. Wie spannend auch diese Lakonie war! Zweifellos sind Truffauts Filme romantisch, was Godards Filme keineswegs sind. Das macht letztere jedoch nicht notwendigerweise besser. Abgesehen von *Außer Atem* sind Godards Filme zu intellektuellen Essays bzw. kulturkritischen Pointen geraten: So *Une femme est une femme* (1961) und *Le mépris* (1963), aber auch *Pierrot le fou* (1965). Ganz im Gegensatz dazu Truffauts Filmwerke: darunter sein bekanntestes, *Les quatre cents coups* (*Sie küssten und sie schlugen ihn*), mit Jean-Pierre Léaud, Jeanne Moreau und Jean-Claude Brialy.

Für die Faszination, die von den Themen und Handlungen der *Nouvelle-Vague*-Filme ausgeht, stehen natürlich die Gesichter der jungen, vorher noch nie gesehenen Schauspieler und Schauspielerinnen, allen voran Belmondo und Brialy. Die Thematisierung des alltäglich Unwichtigen als Wichtiges, des Nicht-Selbstverständlichen als scheinbar Selbstverständliches wird erst durch sie zur existentiellen

Botschaft: entscheidend für die unmittelbar durchschlagende Wirkung dieser Filme.

Bleiben wir bei dieser Einsicht auch im Hinblick auf den anderen Typus, jenen der historischen Mythologie. Der bedeutendste Film dieser Art ist Viscontis schon erwähntes Meisterwerk *Il Gattopardo* von 1963. Die Hauptfigur ist ein sizilianischer Aristokrat, der mit seiner Familie zur Zeit von Garibaldis Risorgimento auf einem prächtigen Landsitz seine stolze Gewissheit auslebt, historische Größe zu repräsentieren. Visconti, selbst einer der bekanntesten norditalienischen Adelsfamilien entstammend, entdeckte das Thema in Giuseppe Tomasi di Lampedusas sofort berühmt gewordenem einzigen Roman *Il Gattopardo* (postum 1958) und entschied sich bei der Besetzung der Hauptrolle, zum Glück für den Film, ausgerechnet für den amerikanischen Schauspieler Burt Lancaster!

Was ist die Botschaft dieses Films? Ähnlich wie in *Außer Atem* geht es um das Ethos eines Einzelgängers. Zugleich aber um dessen absolutes Gegenbild: einen Einzelgänger wider die geläufig werdenden politischen Ansichten der sich verbreitenden republikanischen Tendenz. Oder auch um den Ausdruck eines von sich selbst besessenen Charakters. Das klingt so einladend, als käme es in jedem Film vor. Kommt es aber nicht, gibt es erst seit dieser Epoche. Und schon das erklärt, warum es sich um eine Botschaft handelt. Bleiben wir beim *Gattopardo* selbst: Da ist die staubgeschwängerte Luft über dem Schloss, die in die Gemächer seines Herrn eindringt, so dass die Teints von Gattin und Töchtern davon gelblich gezeichnet sind – das erste Zeichen, ja Symbol einer historischen Verspätung. Daran ändert der junge Neffe Tancredi (Alain Delon), der sich für die Einigung Italiens zu einer bürgerlichen Republik begeistert, letztlich nichts, auch wenn gerade Tancredi den Principe zum Grübeln bringt. Im Gegenteil: Aus solcher Anfechtung kann die Sicherheit des Fürsten Salina mit sich selbst und seinem unabänderlichen, nicht in die Gesellschaft integrierbaren Schicksal nur gestärkt – wenn auch melancholisch gebrochen – hervortreten. Ihm ist klar, dass er der Letzte seiner Art sein wird. Als sein Neffe aus Geldnot die Tochter eines Plebejers heiratet, weil der Plebejer inzwischen über mehr Geld verfügt als der sizilianische Altadel, und als der Neffe den revolutionären Garibaldi unterstützt, wird das Selbstverständnis des Fürsten dadurch nicht in Frage gestellt. Selbst die komisch-grotesken Details aus dem Alltagsleben der Familie zwischen Beichtstuhl, Kirchgang und Bordell – nicht zuletzt die permanente Präsenz des besorgten Jesuitenpaters Pirrone – ändern nichts an der immer stärker sich entfaltenden Grandeur des Fürsten und der Gloriole seiner Haltung. Die Liebesgeschichte zwischen Tancredi und Angelica (Claudia Cardinale), der Tochter des neureichen, plebejischen Bürgermeisters, der große Ball anlässlich ihrer bevorstehenden Vermählung, bei dem Angelica in die Gesellschaft eingeführt wird – die berühmteste Ballszene der Filmgeschichte trotz *Krieg und Frieden* oder *Vom Winde verweht* –, das alles gibt den geschilderten Ereignissen ihre Würze, ihre Bildkraft.

Von entscheidender Bedeutung sind die Selbsterklärungen des Fürsten: zuerst bei der Jagd im Gespräch mit seinem Jagdaufseher Don Ciccio Tumeo (Serge Reggiani), sodann in der Unterhaltung mit einem regionalen Politiker, dem Cavaliere Chevally (Leslie French). Der Schauspieler Reggiani gibt in seiner halb düsteren, halb träumenden Gespanntheit den angemessenen Partner ab für die politische Lakonie des Fürsten. Zynismus sollte man es nicht nennen, weil er aus der melancholischen Gewissheit eines Mannes herrührt, der dem neuen republikanischen Gang der Dinge zuschaut, ohne an ihnen teilzunehmen, ja ohne jemals an ihnen teilnehmen zu wollen. Anschaulicher Hintergrund der entwaffnenden Selbsterkenntnis des Fürsten ist nicht nur die archaische Landschaft Siziliens, es ist etwa auch die Tötung eines Hasen.

Der zunächst schweigende Stolz des Fürsten gegenüber der neuen Zeit führt in einem langen Gespräch mit dem Regionalpolitiker Chevally zu einer einerseits ironischen, andererseits emphatischen Deutung seiner selbst. Beim Versuch des Parteimanns, eines Abgesandten der neuen Machthaber, den Fürsten Don Fabrizio zur Übernahme eines Senatorenamtes im neuen Regionalparlament zu überreden, gibt dieser seiner Verachtung gegenüber jedem parteipolitischen oder ideologischen Argument beredten Ausdruck. Das Gespräch entwickelt sich zu einem Bekenntnis: einem Bekenntnis zum ewigen entwicklungslosen Stillstand des sizilianischen Wesens, zum Einzelgängertum Siziliens in seiner unwandelbaren, niemals zu erneuernden Geschichte, die zugleich seine Natur geprägt hat. So dreht sich dieses Gespräch auch darum, dass Sizilien politisch nicht an das italienische Festland anzuschließen wäre. Die Zusammenarbeit, um die der Politiker so dringlich bittet, ginge an der Wildheit dieser Landschaft, der Grausamkeit ihres Klimas, den großartigen Monumenten ihrer ihm unverständlichen Vergangenheit vorbei. Don Fabrizios Bekenntnis zu einer den Gast erschreckenden Isolation gipfelt schließlich in einer letzten, den unüberschreitbaren Abstand zwischen dem Fürsten und dem Politiker markierenden Erklärung, die nachgerade zum tiefbewegenden Höhepunkt des Films wird – wenngleich sie im Buch noch weitaus kälter ausgesprochen ist: Auf die Frage ihn besuchender englischer Seeoffiziere, was die nach

Sizilien kommenden freiwilligen italienischen Kämpfer dort eigentlich täten, habe er geantwortet, und zwar auf englisch: »They are coming to teach us good manners [...] but won't succeed, because we are gods.«

Wir – er und seinesgleichen – sind also Götter! Diese Wahrheit will der Fürst dem republikanischen Politiker mit auf den Weg geben. Und wenn er schließlich einige Zeit später bei dem großen Ball mit der Braut seines Neffen Tancredi tanzt, wird er nach dem Willen des Regisseurs endgültig sichtbar zum *gattopardo*, jenem Zeichen, das in seinem Wappen steht.

Was soll nun aber die Botschaft in diesen beiden inhaltlich so völlig verschiedenen Filmen sein? Kurz gesagt: In *Außer Atem* wird der Augenblick des Lebensgefühls – ansonsten in Filmen auf Dauer angelegt – durchlöchert von der hintergründigen Wahrheit des nicht kontinuierlichen Lebens. In *Der Leopard* ist die Aktualität des zu diesem Zeitpunkt besonders erwarteten politisch korrekten Engagements nicht bloß ironisch relativiert, es wird vielmehr mit dem objektiv reaktionären Selbstbewusstsein eines in sich selbst Ruhenden konfrontiert. Sein reaktionärer Aristokratismus wird aber als solcher nicht negativ beurteilt, sondern mit dem Pathos eines spirituellen Ethos aufgeladen. Das Wort »Botschaft« sollte man daher als Erkenntnisakt lesen, als einen für die Epoche nach 1960 spezifisch intellektuellen Impuls für die Zuschauer im Kino. Wie immer man die beiden Filme bewerten mag: Dass der eine besser sei als der andere, ließe sich kaum begründen.

Und wie steht es mit den Filmen von Viscontis italienischen Zeitgenossen? Wem fällt da nicht sofort Michelangelo Antonionis *La notte* (1961) ein? Nicht *L'eclisse* (1962), sosehr dieser Film von Intellektuellen auch geschätzt worden ist und möglicherweise noch immer geschätzt wird. Und gleich daneben Federico Fellinis *La strada*! Nicht zu reden von *La dolce vita* von 1960. Doch wie hoch man diese Filme als künstlerische Erfindungen auch einschätzen und wie gern man sie im Gemüt mit zu sich nach Hause nehmen mag – eine intellektuelle Botschaft entnimmt man ihnen nicht. Aber ist das nicht sogar ein Vorteil? Seit wann hat Kunst mit einer Botschaft zu tun? Dann, heißt die Antwort, wenn diese Botschaft nicht auf einer moralischen Anrede, sondern auf einer Erkenntnis basiert. Und wenn sie außerdem nicht unmittelbar eingängig ist und sich nicht auf schon vorhandene Ideen bezieht.

Wenn ein Film derart namhaft Epoche gemacht hat, dann ist das noch kein ästhetischer Einwand gegen Filme, die eine solch herausragende Epochenidentität nicht erreicht haben. Dazu gehören immerhin Viscontis *Rocco e i suoi fratelli* und *Morte a Venezia* (1971). Und wie verhält es sich mit Truffauts Filmen? Neben *Les quatre cents coups* und *Tirez le pianiste* sind es *Jules et Jim* (1962), *Fahrenheit 451* (1966), *Le dernier métro* (1980) und *La nuit américaine* (1973). Vor allem in letzterem Film ist die cineastische Reflexion mit dem für Truffaut spezifischen Romantizismus durchtränkt. Und was wäre hier die Botschaft? Nennen wir sie endgültig eine existentielle Erkenntnis, die dem Zuschauer vorgeführt wird. Sieht man von *Les quatre cents coups* ab, dann liegt auch hier, in der coolen Bloßlegung krimineller oder selbstzerstörerischer Elemente, eine Irritation verborgen, die unsere anthropologischen und gesellschaftlichen Vorstellungen verändert.

Im Falle von Claude Chabrol ist das kriminelle Element zum Genre geworden. Die dafür charakteristischen Filme – *La femme infidèle* (1969), *Que la bête meure* (1969), *Le boucher* (1970) und *Les noces rouges* (1973) – stellen nichts

Humanes in Frage. Sie gehen vielmehr vom Gegenteil der Humanität als etwas Selbstverständlichem aus. Chabrol hat die sarkastisch-überraschende Entblößung des bürgerlichen Alltags in den frühen Filmen seiner *Nouvelle-Vague*-Kompagnons, mit denen seine ersten Erfindungen – *Le beau Serge* (1958), *Les cousins* (1959) und *Les bonnes femmes* (1960) – eine gewisse Ähnlichkeit haben, nicht in gleicher Weise dargestellt. Er hat vielmehr psychologisch schockierende, schwarze Krimis erfunden. Allerdings hat es bei ihm die Intensität des blutigen Mörderhandwerks derart in sich, dass man auch bei ihm von einem veränderten Blick auf diese Thematik des Lebens sprechen kann, die, damit verglichen, im konventionellen, noch so spannenden Kriminalfilm infolge moralischer Urteilsfindung harmlos bleibt.

Und wie verhält es sich mit Bernardo Bertolucci? Die Filme *Il conformista* (1970) und *Novecento* (1976) gehören in ihrer politisch-historischen Thematik zu den ihre Epoche enorm illuminierenden Werken, auch wenn sie vielleicht illusionistisch überzogen sind. Aber es ist der Stil, der gefangennimmt, so dass man diesen Einwand zwar relativieren, ihn im Vergleich mit Visconti und Fellini aber dennoch benennen muss.

Wie ausschließlich poetisch, nicht aufwiegelnd, sind dagegen die Filme von Alain Resnais – *Hiroshima, mon amour* (1959), *L'année dernière à Marienbad* (1961), *Je t'aime, je t'aime* (1968) – und die von Éric Rohmer: *Ma nuit chez Maud* (1969); *Le genou de Claire* (1970); *La Marquise d'O* (1976); *Conte d'automne* (1998). Auch hier gilt immer noch das Kriterium der *Nouvelle Vague*: die Entdeckung einer unerwarteten Situation, die Entdeckung des scheinbar Bekannten als Unbekanntes.

Es sollte nun einigermaßen erkennbar geworden sein,

dass sich die großen französischen und italienischen Filme der fünfziger bis siebziger Jahre durch intellektuellen Aplomb (die französischen) und überraschende Bildlichkeit (die italienischen) formal unterscheiden. In beiden Fällen aber wird unsere Aufmerksamkeit und Aufnahmefreude herausgefordert, ob durch Truffauts reflexive Helden in *Jules et Jim* oder durch Fellinis naive Heldin Gelsomina in *La strada*.

Doch woher kommt die Souveränität der Erfindung ausgerechnet in den französischen und italienischen Filmen der Nachkriegsepoche? Etwa weil Erfindungsreichtum dieser Art einer besonderen französischen und italienischen künstlerischen Begabung, einer speziellen Mentalität, entspräche? Gab es nicht auch englische und deutsche Filmperioden dieser Art? Zwar errang der frühe deutsche expressionistische Stummfilm – *Der Golem* (1915), *Das Cabinet des Dr. Caligari* (1920), *Metropolis* (1927), *Nosferatu* (1922) – im Unterschied zur expressionistischen Malerei einen Weltruhm, der heute noch fortwährt, während der großartige deutsche Expressionismus der bildenden Künste erst seit kurzem in Westeuropa Widerhall findet, doch sind die expressionistischen Stummfilme von Lang und Murnau, auch *Das Cabinet des Dr. Caligari*, ganz zu schweigen von *Der Golem*, bis heute nicht kritisch kommentierte Überanstrengungen von Regisseurphantasien, scheinbar beglaubigt durch die Düsternis des Ersten Weltkriegs und seiner Folgejahre.

Die zweite Epoche eines spezifisch deutschen Films zu Beginn der siebziger Jahre hatte dagegen wirklich künstlerisches Kaliber: Werner Herzogs *Auch Zwerge haben klein angefangen* (1970), *Aguirre, der Zorn Gottes* (1972), *Jeder für sich und Gott gegen alle* (das Kaspar-Hauser-Thema, 1974), *Stroszek* (1976), *Nosferatu – Phantom der Nacht* (1979) und

Fitzcarraldo (1982). Und daran unmittelbar anschließend Wim Wenders' *Paris, Texas* (1984) und *Der Himmel über Berlin* (1987). Vor allem aber, was seine Wirkung betrifft, der, mit dem alles anfing – Rainer Werner Fassbinder: *Katzelmacher* (1969), *Die bitteren Tränen der Petra von Kant* (1972), *Angst essen Seele auf* (1974), *Die Ehe der Maria Braun* (1978), *Berlin Alexanderplatz* (1980).

Dem einen oder anderen mag in diesen Filmen das auch hier auffällige Mitteilungsbedürfnis auf den Geist gehen, dieses eben noch immer »Expressionistische«. Aber es sind in ihrer phantasievollen Entfaltung fast alle genannten Filme großartige und auch ganz gegensätzliche Erfindungen – so, vor allem, die Filme von Herzog und Fassbinder. In ihrer Innovationskraft nicht zu vergessen natürlich Alexander Kluges *Abschied von gestern* (1966) und *Artisten in der Zirkuskuppel: ratlos* (1968) sowie Volker Schlöndorffs *Der junge Törless* (1966), *Die verlorene Ehre der Katharina Blum* (1975) und *Der Fangschuß* (1976), in dem Margarethe von Trotta die weibliche Hauptrolle spielt. Ebenfalls mehr als erwähnenswert ist wegen der spezifisch deutschen Thematik ihr Film *Die bleierne Zeit* (1981), in dem es um die beiden Schwestern Ensslin geht.

Die enorme Suggestion, die von den französischen, italienischen und schließlich auch deutschen Filmen seit den sechziger Jahren ausging, zeigt sich insbesondere vor der plakativen Wirkung des amerikanischen Großfilms jener Epoche. Nennen wir nur einige seiner Schauspieler in willkürlicher Reihenfolge: Robert Mitchum, Marlon Brando, Robert De Niro, Al Pacino, Clint Eastwood, Henry Fonda, Warren Beatty. Keiner der neuen europäischen Filmstars hält mit diesen Namen mit, aber sehr wohl mit dem, was sie sagen! Trotz Marlon Brandos Existentialismus in *On the*

Waterfront (1954) oder Fondas Lakonie in *12 Angry Men* (1957) sind die amerikanischen Filme Großunternehmen, die vor allem auf spannende Handlung setzen. Ob *The Godfather* (1972), *Bonnie and Clyde* (1967) oder *Mississippi Burning* (1988) – Dialoge der *Nouvelle-Vague*-Sorte sind in diesen emphatischen Thrillern nirgendwo zu entdecken. So bleiben die Wortwechsel in *Außer Atem* und *Der Leopard* selbst im Vergleich mit solchen amerikanischen Weltschlagern einzigartig in ihrer existentiellen Ausdruckskraft.

Unbedingt zu erwähnen bleibt nun noch Ingmar Bergman: *Det sjunde inseglet* (*Das siebente Siegel*, 1957), *Jungfrukällan* (*Die Jungfrauenquelle*, 1960) und *Tystnaden* (*Das Schweigen*, 1963) – um nur diese drei Filme der fünfziger und frühen sechziger Jahre unter den mehr als vierzig Filmen Bergmans zwischen 1945 und 1998 zu nennen –, boten sie nicht mit ihren bizarren Inhalten und in der enormen Wirkung bei gebildeten Kinogängern einen Vorgeschmack auf die entfaltete *Nouvelle Vague*? Ja und nein. Gewiss verdankt sich ihr kultisches Prestige einer spirituellen Botschaft und innovatorischen Aura. Aber: Diese Filme boten eine Bebilderung philosophisch-moralischer, gesellschaftlicher Weltdeutung, waren symbolische Darstellungen der Sünde. Und gerade das stand im Widerspruch zum Effekt, den die *Nouvelle-Vague*-Filme hinterließen: zur Entdeckung von vorher so nicht gesehenen existentiellen Situationen.

Die Epoche des europäischen Films mit den genannten französischen, italienischen und deutschen Erfindungen ist im Unterschied zur Glorie Hollywoods und der Theologie Bergmans deshalb so exzeptionell, weil ihr sardonischer Angriff auf unseren Zuschauerfrieden ohne eine Idee oder eine Moral auskommt. *Außer Atem* oder *Der Leopard* bleiben daher subversiv in einzigartiger Form.

119

Jugendliche Kampfspiele

Der Fußball zieht in Europa, ja weltweit noch immer so viele Zuschauer an, ganz zu schweigen von den Medien, weil er einen Kampf darstellt. In Form eines Spiels, eines Schauspiels, dem noch immer ein besonderes Merkmal der Attraktion anhaftet: dass jeden Augenblick etwas Unerwartetes, etwas Explosives passieren kann. Dieses Plötzlichkeitsmerkmal sollte nicht dazu verführen, Kampfspiele mit ästhetischen Ereignissen gleichzusetzen. Denn das Unerwartete beim Fußball ist nicht ästhetisch im Sinne der Kategorie der Plötzlichkeit. Es gewinnt seine scheinbar ähnliche Qualität vielmehr aus der Magie des kämpferischen Zusammenstoßes, sei es im buchstäblichen Zusammenstoß der Körper, sei es in einer die Explosion des Torschusses vorwegnehmenden Vorlage in den Strafraum, sei es im Gegeneinander von angreifenden Stürmern und abwehrendem Tormann. Das Wort »Angriff« ist hier ja auch keine Metapher, es meint tatsächlich, in der deutschen wie in der internationalen Fußballsprache, einen eigentlich der Kriegshandlung vorbehaltenen Akt.

Das Interesse, die Sympathie, die Leidenschaft für diesen öffentlichen aggressiven Vorgang begann bei mir wie auch bei anderen als zehnjähriger Knabe. Waren wir doch, sofern wir Bücher lasen, auf Kampf als Schauspiel vorbereitet. Vor allem die Indianerbücher spielten dabei eine die Phantasie der Jungen elektrisierende Rolle. Die Phantasie, dass Miteinander-Kämpfen ein Lebenselixier sei. So entwickelten etwa die einst von fast jedem Schüler gelesenen Karl-May-Bücher eine Ethik des guten und schlechten Kampfes:

Der Apachenhäuptling Winnetou war der Nachhall des letzten Mohikaners Chingachgook, der den Kampf gegen die brutal-sadistischen Huronen anführte, deren blankgeschorene Schädel ihrer Wildheit entsprachen, während Winnetou und Chingachgook langes blauschwarzes Haar trugen mit einer Häuptlingsfeder darin. Karl Mays Held Old Shatterhand wiederum vertrat sozusagen den deutschen Anspruch auf moralische Überlegenheit in Gegenden, die von den Angelsachsen erobert worden waren und in denen englische Truppen, amerikanische Pelzjäger und Landräuber den Ton angaben.

Winnetou, der Häuptling der Apachen, war eine Figur von besonderer Erhabenheit. Dabei hatte Karl May sich ausgerechnet den Namen eines Stammes ausgesucht, der gar nicht zu den berühmten Kämpfern der Sioux oder Shawnee am Ende des 18. Jahrhunderts und danach passte. Waren doch die Apachen eher Räuber und Wegelagerer an der mexikanischen Grenze gewesen, zivilisatorisch heruntergekommen, abgesunken von der eigenen Tradition auf das Niveau des weißen Alkoholmobs. Aber May hatte sie in Edelinge verwandelt. Wem das zu viel des Guten wurde, der las Fritz Steubens historisch begründete, in den Folgejahren allerdings ideologisch ausgedeutete Romane *Der rote Sturm* (1931) und *Tecumseh, der Berglöwe* (1932).

In den Namen dieser drei Häuptlinge konzentrierte sich die ganze Faszination des Wortes »Indianer«: literarisch bei Chingachgook, dem Helden in James Fenimore Coopers Romanzyklus *The Leatherstocking Tales* (1823-1841), populär-moralisch bei Winnetou, ein Name, den Karl May wohl dem Wort »Manitou« abgehorcht hatte, und historisch-heroisch bei Tecumseh, dem historisch belegten Häuptling des im Ohiotal wohnenden Stamms der Shawnee, der Anfang des 19. Jahrhunderts schließlich mithilfe der Engländer die nordwestlichen Stämme im Kampf gegen die nach Westen, über das Gebirge hinweg vordringenden amerikanischen Siedler vereinen und das verlorene Land zurückgewinnen wollte. War der fiktive Winnetou edel, dann war der reale Tecumseh vor allem kriegerisch entschlossen, furchtlos wie der letzte Mohikaner, nur wilder. Tecumseh trat mit tödlicher Entschlossenheit aus dem Waldesdunkel hervor, über die Prärie hinwegblickend, ob er dort wohl einen Weißen entdecken könnte, den er schnellen Fußes erreichen und mit dem Tomahawk erlegen würde.

Die Tecumseh-Bücher waren nicht nur besonders spannend wegen dieses militärisch und politisch so begabten Häuptlings. Sie waren es auch wegen der Schilderungen des lebensbedrohlichen Alltags an der Indianergrenze. Die Blutbäder mit wechselnden Waffen, mit Tomahawk, Messer und Pfeil, bringen die Menschen ständig in Todesnähe. Die »dunklen und blutigen Gründe« verschlingen weiße Grenzerfamilien, die sich dorthin gewagt und ihr Blockhaus gebaut haben. Das Skalpieren – nicht bloß von roten Kämpfern praktiziert – bekommt den Anschein eines unheimlichen Schicksals, das jeden bedroht und dem viele nicht entgehen. Um ihr Leben kämpfen müssen herausragende Gestalten in Abenteuerbüchern natürlich immer aufs neue. Hier aber geschieht das mit solcher Wildheit, Grausamkeit und Intensität, dass daraus für den jungen Leser ein »existentieller« Ausdruck entspringt, selbst wenn er das Wort noch nie gehört haben mag.

Nichts war anregender als die Kämpfe dieser Indianer gegen die Amerikaner. Man konnte sie nachahmen, indem man sich einen Tomahawk aus einer passend geformten Baumwurzel schnitt und sie mit silbernen Nägeln beschlug.

Man war dabei weniger Indianerhäuptling als vielmehr ein Waldgänger. Zusammen mit dem Schulfreund übte man sich im nahen Wald des kleinen sauerländischen Ortes im Anschleichen an ahnungslose Rehe. Das ging allerdings schief, noch bevor man den Tomahawk schleudern konnte, weil die Tiere immer Witterung aufnahmen, so geräuschlos zu bleiben man auch versuchte beim Anschleichen durch Büsche und Farne. Das allein schon gab einem das Gefühl, die kämpferischen Praktiken der nordamerikanischen Waldläufer anzuwenden. Einmal gelang es tatsächlich. Der Tomahawk traf das Reh nicht gefährlich am Kopf, sondern am Hals. Es war ja auch nicht die Absicht gewesen, das Tier zu verletzen. Nein, so weit ging es nicht mit der Freude am Tomahawk, und im Nu war das Reh verschwunden. Auch Wildschweine gab es, die sich jedoch nicht näherten. Dafür aber Kreuzottern, die sich plötzlich im Unterholz zeigten! Oder waren es nur Blindschleichen? Die traf der Tomahawk, sofort und ohne weitere Überlegung. Es war eine andere Welt als die in der Schule oder in der Wohnung. Statt des dort vorherrschenden Friedens fand sich hier etwas Erregendes vom Unfrieden in der Wildnis. Wenn auch nur ein Bruchteil davon.

Ein anderes Interesse am Kriegerisch-Kämpferischen ergab sich bei der Fußballfahrt der Klassenmannschaft zu einer anderen Schule. Die Klassenkameraden sangen dabei immer das Westfalen- oder Niedersachsenlied: »Wir sind die Niedersachsen, / Sturmfest und erdverwachsen, / Heil Herzog Widukinds Stamm!« Als Rheinländer konnte man dies nicht nur allein aufgrund des Singsangs seines eigenen Akzentes nicht mitsingen, über den sich die anderen lustig machten. Leider, denn der Sachsenherzog Widukind war eine bewunderungswürdige Gestalt! Von den Germanenstämmen, die zur Römerzeit links des Rheines gesessen hatten, hieß es schließlich immer wieder abschätzig, sie seien ein Händlervolk gewesen. Die Ubier! Wie unkämpferisch! Aber dann entdeckte man die Franken! Sie waren die eigentlichen Rheinländer, denen es gelungen war, die alte römische Colonia Agrippina zu erobern, wo die Tochter der Agrippina und ihres Mannes Germanicus geherrscht hatte. Der rheinische Dialekt geht wie das Flämische auf das alte fränkische Idiom, das Ripuarisch-Fränkische, zurück. Diese Rheinfranken waren zu unterscheiden von den nordwestlich siedelnden salischen Franken, von denen Chlodwig abstammte, der mit seiner fränkischen Armee weiter nach Westen zog bis zu jener Gegend, die später das Pariser Becken genannt wurde. Dass die Franken den Herzog Widukind schließlich besiegt und dabei viele Niedersachsen und Westfalen getötet hatten, das zeigte doch ihre besondere kriegerische Begabung. Denn nicht nur die Sachsen hatten sie besiegt und unterworfen, sondern auch die beiden anderen Germanenstämme, die Alemannen und die Bayern. Der Name »Franken« hieß soviel wie »die Kühnen«, »die Freien«, frank und frei! Das war die neue Entdeckung.

Es gab also keinen Anlass mehr, über Widukinds Niederlage bekümmert zu sein. An seine Stelle waren die aggressiven Franken getreten! Überhaupt: Verdankte sich nicht alles Herausragende in Politik und Kultur dem Kampf, der Aggression? Und war das nicht eben fränkisch? Diese Einsicht durchglühte ihn geradezu.

Später dann lernte man in der Schule, dass die Franzosen mit den Franken ein Problem bekamen, und zwar nach der Revolution: Die wirklichen Vorfahren des französischen Volks – eben des revolutionären, wie es jetzt hieß – seien nämlich die Gallier gewesen. Nur die Aristokratie, also eine winzige Minorität, die man auf die Guillotine geschickt hatte, stammte demnach von den Franken ab. Die Niederlage der Gallier gegen die Römer und auch gegen die Franken wurde dann wieder lebendig angesichts der modernen Niederlagen französischer Heere im 19. und 20. Jahrhundert. Doch seien das alles – wie damals gegen Römer und Franken – ruhmreiche Niederlagen gewesen. »Alesia« hieß der Ort, wo eine solch ruhmreiche Niederlage sich ereignet hatte im Kampf des Vercingetorix gegen Caesar. Indem man sich des Namens »Alesia« stolz erinnerte, rangierte man die Franken, das Volk, das Frankreich den Namen gegeben hatte, endgültig aus.

Die Indianer- und Frankenphantasien konnten zwanglos übergehen in Schillers Dramatik, angefangen bei den *Räubern* und endend mit *Wallenstein*. Hinreichend blutig sind sie, und was darin nicht alles passierte! Gerade erst war der Krieg zu Ende gegangen, die Schlacht in der Normandie war noch frisch in Erinnerung, doch von der deutschen Schuld wurde in der höheren Schule nie gesprochen. Für den in einer politisch engagierten Familie Aufgewachsenen blieb sie allerdings unverborgen. Nichtsdestoweniger hingen die Indianer- und Frankenkämpfe gewissermaßen zusammen mit dem, was man von den Kämpfen in der Normandie wusste. Wie tapfer die jungen Soldaten dort gekämpft hatten gegen die Amerikaner und Engländer! Davon sprachen jetzt selbst auch ihre Gegner, die an Zahl und an Waffen, einschließlich ihrer Flugzeuge, weit überlegen gewesen waren. Die Gesichter der ehemaligen Hitlerjungen, die sich hier, wenn auch aussichtslos, zur Wehr gesetzt hatten, waren auf den Zeitungsbildern so kühn, so verwegen, so trotzig erschienen! Wie die der Fallschirmjäger bei der Verteidigung von Monte Cassino, ebenfalls gegen eine angloamerikanische Übermacht. Amerikanische Generäle hatten sich in drastischen Briefen anerkennend über die Tapferkeit der deutschen Soldaten geäußert und den Engländern sogar Feigheit vorgeworfen. Es waren aber gerade die Amerikaner, denen man genau das später hier und da immer noch nachsagte: Dass sie am Boden erst angegriffen hätten, nachdem sie die Luftüberlegenheit hergestellt hatten. Doch war das nicht nur selbstverständlich, wenn man dazu in der Lage war, um die eigenen Leute zu schonen? Außerdem hätten die jungen deutschen Soldaten amerikanische Gefangene erschossen. Vielleicht aus Hass oder Verachtung für deren Methode zu kämpfen?

Die Engländer und Amerikaner – so nahmen wir Jungen es wahr – spielten sich nach dem Krieg auf als großartige Soldaten. Tapferkeit stand ganz oben auf der Werteskala. Wieso nun aber nicht mehr die Tapferkeit der deutschen Soldaten im Kampf gegen die ganze Welt? Die Jungen sprachen darüber: im Osten, Westen, Norden und Süden des Landes. Weil sie Nazis gewesen und es noch immer waren? Viele von ihnen waren das doch gar nicht gewesen, und wären sie es gewesen, hätte das etwas an ihrer Tapferkeit geändert? Wenn es denn Tapferkeit war. Und das war sie doch gewesen, oder? Die Engländer rühmten sich, sie hätten am Anfang allein gegen einen fast übermächtigen Koloss gekämpft, was ihren Ruhm nur mehren sollte. Aber das stimmte doch gar nicht! Gekämpft hatten sie eigentlich überhaupt nicht. Und allein gewesen waren sie auch nie. Die Truppen des Empire und des Commonwealth hatten schon an ihrer Seite gestanden, bevor die Amerikaner ihre Militärmaschinerie überhaupt nach Europa übersetzten. Das alles ging einem bei der Indianer- und Frankenlektüre auch durch den Kopf. Irgendwie hing das eine mit dem andern zusammen, und sei es nur über das Thema des Kampfes, der das Leben und die Vorstellungen noch immer beherrschte, obwohl man gar nicht selbst daran teilgenommen hatte.

Neben diesen Franken- und Indianerphantasien stellte sich ein wenig später das Interesse an den Kreuzrittern ein. In Lessings *Nathan der Weise* erhob sich die Gestalt des jungen Tempelritters, obwohl nicht so bedeutsam, aber doch unübersehbar in seinem weißen Gewand. Ein Kreuzfahrer des Templer-Ordens im Kampf gegen die muslimischen Araber. Die sah man im Drama zwar nicht, aber man konnte einiges über sie nachlesen. Saladin, bei Lessing der Edle, hatte in Wirklichkeit viele gefangene Kreuzritter niedermetzeln lassen, die ihrerseits im Köpfeabschlagen nicht zurückhaltend gewesen waren. Nicht so imposant erschien, wie sie in Jerusalem gehaust hatten! Imposant waren die deutschen Ordensritter und ihre letzten Kämpfe gegen das vereinigte polnische und litauische Heer 1410 gewesen. Und imposant war es vor allem auch, wie der Hochmeister des Deutschritterordens, der kühne, stolze, junge Ulrich von Jungingen, bei Tannenberg kämpfend gefallen war, den weißen Mantel mit dem schwarzen Kreuz über der Rüstung, seit zweihundert Jahren für alle Gegner ein furchteinflößender Anblick. Selbst noch am Tag seines Untergangs gegen eine erdrückende Übermacht. Dabei war es nicht das Faktum der Niederlage allein, von der eine solche Faszination ausging, sondern mehr noch, dass die bisher für unschlagbar gehaltenen Kreuzritter überhaupt unterlagen! Der polnische Nationaldichter Henryk Sienkiewicz hatte dies auch fünfhundert Jahre danach noch nicht vergessen.

Die Ritter des Deutschen Ordens im späteren Ostpreußen, so scheint es, müssen von anmaßender Arroganz gewesen sein, und dies von Anfang an. Den kaiserlichen Auftrag, die heidnischen Pruzzen zu unterwerfen, zu bekehren, hatten sie mit gleichbleibender Brutalität vollbracht. Der Name der Unterworfenen wurde zum Namen des eroberten Landes, das ihn samt dem Weiß und Schwarz des Mantels der Kreuzritter an das zur Großmacht sich erweiternde Kurfürstentum Brandenburg weitergab: Preußen.

Mit dem weißen Mantel und dem schwarzen Kreuz sind wir wieder beim Fußball angelangt, genauer: beim Trikot der deutschen Nationalmannschaft. Als sie gegründet wurde, wählte man für sie die Farben des politisch führenden Landes im Reich, und das war eben Preußen. Das schwarz-weiße Trikot, die schwarze Hose und das weiße Hemd mit dem schwarzen Adler auf der Hemdbrust, unterstützte die öffentliche Wahrnehmung der Mannschaft in ihren typisch deutsch genannten Tugenden: Dass sie kämpfte, wenn sie spielte. Dies spiegelte sich auch in der kämpferisch-aggressiven Tonart des Jargons journalistischer Berichterstattung über ihre Spiele wider. Selbst nach dem Zweiten Weltkrieg war das noch so. Die Spiele der schwarzweißen Nationalmannschaft schienen die einzige Form, in der sich nach 1945 Patriotismus noch ausdrücken konnte. Doch charakteristischerweise veränderte man in der zweiten Hälfte der 80er Jahre – dem deutschen Schlager »Ein bisschen Frieden« war zuvor, 1982, der Eurovisionspreis zugesprochen worden – das lakonische, hart kontrastierende Schwarzweiß des Trikots ein wenig, indem man die Nationalfarben der liberalen Tradition, also Rot und Gold, das aber wie Gelb aussah, in einer Schulterpartie hinzufügte, um es bald wieder zurückzunehmen. Jedenfalls wurde das nationalsymbolische Schwarzweiß für eine Weile ins Verspielte entschärft, ohne dass man das besonders thematisiert hätte. Außerdem wusste man ohnehin nichts mehr von den Farben der Kreuzritter.

Das Fußballthema kam lange nach der Zeit auf, in der die Indianer, die Franken und die jungen Soldaten in der Normandie die Phantasie des Jungen in Beschlag genommen hatten. Doch war an der Begeisterung fürs Kämpfen je etwas Ungehöriges gewesen? Sich an Kämpfen zu erfreuen ist keine durch Doktrin anerzogene jugendliche Eigenschaft. Denn waren nicht schon die ganz frühen europäischen Dichter darauf verfallen? Nicht so sehr deswegen, weil sie die Leserschaft durchs Wort für den Kampf zu begeistern versucht hätten, sondern weil die Schilderungen der Kampfeslust ein Sprengmittel darstellten für die poetische Sprache. So verhielt es sich doch mit der unbändigen Kampfeswut des schrecklichen, aber gleichzeitig glanzvollen Achill!

Darin zeigte sich, wie man damals allmählich merkte, ein Existenzgefühl, auch wenn man das Wort »Existenz« nicht benutzte, es gar nicht kannte. Was das Wort meinte, das war die Wucht des Kampfes auf dem Platz, die Demonstration des Willens und des Mutes, wie sportlich auch immer. Die Fouls, die nach Regeln bestraft wurden, waren Aktionen physischer Gewalt, die entweder glimpflich ausgingen oder aber brutal das Spiel bestimmten. Wenn der berühmte Torjäger, häufig der Mittelstürmer, zum Torschuss ansetzte, dann ging ein Aufschrei durch das Stadion. Und welch ein Schrei! Von uralter Kraft. Zugleich aber mit dem Unterton einer witzigen Anspielung. Kam etwa aus der Südkurve nur das eine Wort »Hammer«, dann meinte es nicht nur die ersehnte Härte des Schusses, sondern augenzwinkernd auch eine männliche Regung des Schützen, von der jedenfalls die Eingeweihten zu wissen glaubten.

War das Thema der »Franken« nur deshalb aufgekommen, weil der rheinländische Junge sich gegen seine westfälischen Klassenkameraden psychisch bewaffnete, so entdeckte er nun, dass das Rheinland zusammen mit Westfalen einige der frühen berühmten Fußballmannschaften hervorgebracht hatte: Schalke 04 schon vor dem Krieg und der 1. FC Köln nach dem Krieg. Bereits bei diesen Mannschaften spielte der Stil, die Raffinesse des Zusammenspiels, eine besondere Rolle für Anerkennung und Ruhm. Nach Schalke in den dreißiger Jahren mit Fritz Szepan und Ernst Kuzorra, den Söhnen eingewanderter polnischer Ruhrpottarbeiter, war es in den fünfziger und sechziger Jahren der 1. FC Köln mit seinen Stürmern Hans Schäfer und Jupp Röhrig, der Spieler, die national verehrt wurden, in seinen Reihen hatte. Die waren auch 1954 dabei, als die Nationalmannschaft den Ungarn in Bern die Weltmeisterschaft abtrotzte. Sie wurden fast so bekannt für ihren Spielwitz wie der inzwischen legendäre Fritz Walter, Spielführer des FC Kaiserslautern und Kapitän der Nationalmannschaft.

Im Spiel dieser beiden Mannschaften zeigte sich etwas ganz anderes als das lange Zeit vorherrschende Kleinklein der neuspanischen Kreiselspielereien vor dem Strafraum, das überall in Europa nachgeahmt wurde. Die früheren Kombinationen zeigten stürmische Bewegungen, imitierten den »long ball« der Engländer. Dagegen wirkte die neue Finesse vor dem Strafraum, das Ballgeschiebe, wie das Zuspiel der Handballer und wurde absehbar. Man wusste, es wird schließlich zum Schuss ins Tor kommen. Bei der alten kämpferischen Spielweise mit ihren überfallartigen Vorstößen wusste man das nicht. Lediglich hoffen konnte man es. Die Fähigkeit zum Dribbeln machte das Spiel unabsehbarer und erhöhte die Spannung.

Wenn die Mannschaften aufgelaufen waren und die Spielführer sich die Hand gaben, dann hatte das noch etwas vom Ritual uralter Zweikämpfe. Wahrscheinlich ist die von Schiedsrichtern inzwischen überall geduldete unfaire Spielweise ein Nebeneffekt der Tatsache, dass es sich nicht mehr wie früher um Kampfspiele handelt. Das durchaus faire Wegdrücken des Gegenspielers mit der Schulter ist zum Umfassen des ganzen Körpers des gegnerischen Spielers geworden, wie beim Rugby. Strikte Fairness war aber gerade deshalb angesagt, weil es ein Kampfspiel, nicht bloß ein Wettkampf war.

Das ursprünglich Einzigartige des Fußballs als Kampfspiel ist ja den meisten Wettkämpfen fremd, wenn auch das Wort »Kampf« gelegentlich auftaucht: nicht in der Leichtathletik, nicht beim Cricket oder Hockey und, wie gesagt, auch nicht beim Handball. Vielleicht hat das Kämpferische des Fußballs deshalb lange Zeit vor allem Zuschauer aus der Arbeiterschaft angezogen. Der Wechsel zum eher verspielten Stil entspricht einer neuen Zuschauerschicht, sehr oft aus den Kreisen der Universitäten und höheren Schulen. Allerdings haben auch diese neuen Zuschauer das rituelle Drum und Dran der englischen Fans übernommen: das rhythmische Schwenken der Club-Schals über dem Kopf und vor allem das berühmte Lied »You'll never walk alone«.

Alles kann zusammenkommen, wenn man dreizehn ist. Die Indianer, die Franken, die Helden der Normandie-Schlachten, die Mittel- oder Außenstürmer. Und zwar deshalb, weil die Dreizehnjährigen den Kampf ohne moralisches Augenzwinkern ansehen wollen. Sie finden ihn schön oder beeindruckend oder spannend. Vor den späteren Emotionsanfällen, die ja sehr verschiedenartig sind, sei es in der erotischen Liebe oder aber im beruflich ehrgeizigen Emporstreben, steht die Faszination durch den Kampf. Angefangen beim richtigen Kampf zwischen Widukind und Karl dem Großen oder zwischen Tecumseh und dem weißen Waldläufer bis zum Kampfspiel zwischen dem FC Schalke 04 und dem 1. FC Köln. In der Energie, die dabei anzuschauen ist, entdecken die Dreizehnjährigen ein Element des Lebens. Es ist eine regellose Vorübung auf etwas Entscheidendes, das ihnen bevorsteht. Aber das wissen sie noch nicht, und das brauchen sie auch nicht zu wissen, um den Kampf dennoch als etwas Substantielles zu empfinden, das sie noch nicht ausdrücken können.

Ohne im moralphilosophischen Gestrüpp hängenzubleiben, können wir durch die Indianer- und Frankenzeit unseres Dreizehnjährigen die Ansicht des Lebens als die Zeit eines Kampfes erspähen. Wenn er den wirklichen Krieg und die Stammeskriege der roten und weißen Krieger in Amerika und Europa so unterschiedslos neben- und durcheinander ansah, dann mangelte es ihm wohl an historischer Unterscheidung und kulturellem Wissen. So ein Junge empfand die Elementarien des Lebens als die eines kämpferischen Ablaufs, noch nicht unterteilt in die Kategorien »erlaubt« und »nicht erlaubt«. Aber es war angemessen, die Vorstellung »Krieg« nicht sogleich und irgendwie moralistisch zu bremsen. Es schlug ein in sein Bewusstsein und blieb dort so lange hängen, bis man es endlich vertrieb.

Die Fußballspiele erlauben heute gerade noch etwas, ohne das Leben bisher nicht stattfindet. Aber der Kampf hat seine Ursprünglichkeit verloren. Als technologisierte Gewalt ist er aus der Sphäre der Kampfspiele herausgefallen. Schon zur Zeit der *Stahlgewitter*. Aber das haben die Jungen 1945 noch nicht gewusst.

Die kleine Seejungfrau

Es war ein farbiges Bild in einer Jugendausgabe von Andersens Märchen, das den Jungen zum ersten Mal an die Liebe denken ließ. Da tauchte die kleine Seejungfrau halb aus dem Wasser auf, so dass man ihren weißen Leib sehen konnte. Nicht üppig, aber doch wohlgeformt und anlockend. Immer wieder musste er diese Seite des Buches aufschlagen, den Körper des Mädchens ansehen, dessen Fischschwanz unter dem Wasser blieb! Er konnte sie ja nur anschauen, nicht anfassen. Keine Ähnlichkeit hatte die ihrem Prinzen ergebene Seejungfrau mit den Illustrationen in den Märchenbüchern der Brüder Grimm, wo sich milde Frauen- und Mädchengesichter zeigten, wenn sie als Bräute junger Könige dargestellt waren. Gab es sie in Wirklichkeit? Sobald die Mutter ins Zimmer kam, hieß es, die Seite sofort umzuschlagen. Natürlich, jeder Junge dieses Alters wusste, was ein Busen war. Den hatte er schon, als er noch jünger war, bei einer Freundin der Mutter sehen können, als die beiden, vierundzwanzig und fünfundzwanzig Jahre alt, sonntags – der Vater war nicht da – im Bett lagen und zusammen Schokolade aßen und Likör tranken. Die eine Hälfte des Busens schaute dann voll sichtbar aus dem Nachthemd der Freundin heraus. Ganz offen. Und die Frauen lachten, wenn er die Brustspitze neugierig berührte. Das war nur komisch und bald vergessen.

Einmal nahm er im Nachbargarten an einem von den älteren Mädchen erfundenen Spiel teil: Alle Kinder sollten ihre Anzüge oder Kleider tauschen, soweit sie einigermaßen passten. Aber so, dass die Jungen die Mädchen auszogen und wieder anzogen und umgekehrt. Dabei mussten sie einander richtig anfassen. Aber viel anzufassen gab es da noch nicht, jedenfalls noch keinen richtigen Busen, und ihm gefiel das Ganze sowieso nicht, auch wenn es ihn irgendwie etwas aufregte. Und erst später hatte er, wenn das etwas ältere Nachbarmädchen vor ihm in die Schule ging, über der Wölbung im Oberteil ihrer schwarzrot gestrickten Weste etwas zu entdecken geglaubt.

Aber erst jetzt war es wirklich passiert. Ausgerechnet im Blick auf eine, die es gar nicht gab. Er konnte nicht genug von diesem Anblick haben! Konnte nicht aufhören, darüber nachzudenken, ob er das gleiche in Wirklichkeit würde sehen können. Richtig und länger als bisher. Diese Phantasie hatte den Jungen überfallen. War denn nicht der Mädchenkörper nur halb aus dem Wasser aufgetaucht, um ihn in Unruhe zu versetzen, sich auf ihren Körper zu konzentrieren? Dass es ein Körper war, der in einem Fischleib endete, machte diese Erscheinung noch aufregender. Ein Fabelwesen. Gerade dass das, was sonst unten zu sehen war, fehlte, machte die Phantasie über das, was nur jetzt, im Augenblick, zu sehen war, so packend. Das nackte Mädchen wurde irreal. Aber um so stärker, realer trat ihr Körper ihm direkt entgegen. Es gab anthropologische Theorien – seit den zwanziger Jahren –, nach denen die Lust des Mannes am weiblichen Busen eine Wiederholung der Lust des Säuglings an der Mutterbrust sei. Das ist, wie sehr man auch biologischen Argumenten zu folgen bereit ist, wegen der entscheidenden Differenz unglaubwürdig: Die Lust des Säuglings hat nichts mit Sexualität zu tun. Die Sexualität begleitende Vorstellung vom anderen setzt ein reflektierendes Bewusstsein voraus.

In Andersens Märchen wurde bei der Beschreibung der kleinen Seejungfrau und ihren Meeresschwestern das Wort

»Busen« nicht genannt, das Wort »Brust« kam vor, aber ohne erotischen Beiklang. Auch der Prinz, dem zu Willen sie ihren Fischleib unter Schmerzen von der Hexe in menschliche Füße verwandeln ließ, sah ihren Leib, umgeben von ihrem langen Haar, nicht. Andersens unheimliche Bilder, die Idee, dass die Seejungfrau – ihres Fischschwanzes verlustig gegangen – mit ihren Füßen wie auf Dolchen gehe, machten die Vorstellung von ihrem Bild noch packender. Der Abgrund, der zwischen dem weißen lustverheißenden Leib und den furchtbaren Qualen lag! Der verwandelte nackte Mädchenkörper bekam eine ungeheure Bedeutung. Überhaupt gab es in diesem Märchen so grausame Bilder, dass der Junge es nicht noch einmal gelesen hätte, hätte er nicht das Bild mit der kleinen Seejungfrau gesehen, wie sie mit dem Oberkörper aus dem Wasser ragte. Er hoffte, dass der Prinz am Ende sie doch so erblicken und sie heiraten würde. Und dass sie dadurch vor dem Schicksal bewahrt würde, sich in Meeresschaum zu verwandeln. Denn der Junge selbst liebte längst das nackte Fischmädchen, ihren Körper, der ihre Seele zu sein schien, auch wenn bei Andersen zu lesen war, dass Meeresjungfrauen keine Seele hätten.

In der Wirklichkeit suchte er in den folgenden Jahren natürlich nicht nach ihresgleichen. Die Mädchen blieben vorerst befremdlich, wie es anfangs auch bei dem Fischmädchen der Fall gewesen war. Dennoch: Die Gebanntheit durch diesen Körper blieb in ihm haften, ohne dass damit ein sexueller Wunsch in ihm aufgestiegen wäre, auch wenn dieser langsam über ihn kam. Der Gedanke vom Liebesgefühl als Innigkeit setzte sich in ihm fest, gerade auch indem ihn die Form von Brüsten weiterhin heftig anzog, ohne dass er sie berühren, ohne dass er sie leibhaftig zu Gesicht bekommen konnte.

In der Volksschule war dazu keine Gelegenheit, denn in seiner Klasse gab es keine Mädchen. Es war schon etwas anderes in der Kirche, wenn er als Messdiener während des Gottesdienstes auf der Frauen- und Mädchenseite das Körbchen für die Kollekte durch die Reihen gehen ließ und an der Betbank auf die Rückkehr des Körbchens wartete. Dann stand er manchmal eine Weile neben einer solchen Hübschen, die ihm schon seit einer ganzen Weile bei der Messe aufgefallen war. Kein Wort, kein Blick. Aber er wusste ja, wie sie aussah, wenn sie keinen Mantel anhatte, nur einen Pullover trug oder ein Kleid, dessen Ausschnitt alles ahnen ließ.

Es hing davon ab, wie lange er auf das Körbchen warten musste, um dann mit einem Schritt neben die nächste Bankreihe zu treten und auf eine längere Wartezeit neben dem dort sitzenden Mädchen zu hoffen, falls es ihm gefiel. Manchmal saßen oder knieten hier auch Frauen. Um die kümmerte er sich nicht. Was dachten die Mädchen? Nahmen sie ihn überhaupt wahr? Meist stand er da im rotweißen Gewand, manchmal auch im schwarzweißen – so in der Fastenzeit vor Ostern, am Karfreitag. Die Mädchen waren in seinem Alter oder schon etwas älter. Er merkte sofort, wenn sich bei einer die Bluse, der Pullover wölbte. Dabei war der tägliche Anblick der kleinen Seejungfrau längst vergangen. Aber die Lust am Anblick eines Mädchens nahm noch zu. Deshalb achtete er darauf, dass der Kaplan oder der Pastor ihn bei der Einteilung zum Geldeinsammeln auf die richtige Seite schickte. Das Schweigen, das Warten, die einzige Geste, von der letzten am Bankende das Körbchen wieder in Empfang zu nehmen, das war es.

Merkwürdig, eigentlich war nie eine Hässliche darunter. Oder war er so blind, dass die hervortretenden Geschlechtsmerkmale des Weiblichen ihn verblendeten? In dieser Messdienerzeit las er – zuerst aus Pflicht – in der Bibel. Er stieß dabei auf das *Hohelied* und entdeckte wieder das, was seit der kleinen Seejungfrau zu einem Leitmotiv seines Lebens geworden war, das Lustbild von der Frau. Überhaupt hielt ihn nur die wechselnde Lobpreisung der körperlichen Schönheit des Liebespaars bei der Lektüre. Unter all den Merkmalen der Schönheit der Geliebten, ihren Augen, ihrem Haar, ihren Zähnen und Lippen, ihrem Hals und ihrer Brust, war das zuletzt Genannte das Allerschönste: ihre Brüste.

Nur sehen konnte man sie nicht! Aber stumm das Wort mit den Lippen formen, sich wünschen, sie umfassen zu können. Dass sie mit »zwei Rehkälbchen« verglichen wurden, fand er merkwürdig, zu verschieden war es von dem, was er vor dem geistigen, vom Wort ergriffenen Auge hatte. Wäre er je mit ihm allein gewesen, hätte er den Kaplan gefragt, was das zu bedeuten habe. Schließlich sahen Brüste doch nicht so aus wie Rehkälbchen. Man erwartete doch, dass sie mit etwas verglichen würden, das man umfassen möchte, eine Form, die ähnlich munden würde wie erwartet. Nicht wie für Kinder. Und so heißt es denn an späterer Stelle des *Hoheliedes* dann auch von den Brüsten der Geliebten, sie seien wie »Trauben am Weinstock«. Schließlich sagt die Geliebte selbst, ihre Brüste seien »Türmen« gleich. Als Mangel hingegen wurde offenbar empfunden, dass die kleine Schwester der Geliebten im *Hohelied* noch keine Brüste habe, denn der Sprecher fragt: »Was sollen wir mit unserer Schwester tun, wenn man um sie werben wird?« Die Brüste des Weibs, so wurde dem Jungen immer deutlicher, sind zentral für die erotische Ausstrahlung ihres Körpers.

So etwas zu lesen und nichts tun zu können versetzte den Jungen in einen alarmierten Zustand. Das Wort »Brüste« – seit dem Anblick der kleinen Seejungfrau ein symbolisches

Wort für die körperliche Liebe – war nun aufgeladen mit einem Auftrag. Die Vergleiche der körperlichen Reize der Geliebten im *Hohelied* – was waren diese Reize anderes als die Sehnsucht, sehr bald ähnliche Reize in Besitz zu nehmen? Er atmete die Ahnung davon, etwa wenn der Geliebte sagt, »die Wölbungen deiner Hüften sind wie Halsgeschmeide« und »dein Schoß ein gerundetes Becken, dem der Mischwein nicht fehlen darf«. Zwar war die Sprache des *Hoheliedes* sehr kunstvoll, ja geradezu künstlich, irgendwie der Realität entzogen und in wunderbaren Bildern versteckt. Die Wörter »Hüfte« und »Schoß« blieben aber in ihrer prallen Kraft die Vergegenständlichung, die er gesucht hatte, wurden zur direkten Aufforderung, die er mit Erstaunen las. Er verfiel darüber nachts in Träumereien.

Einige Zeit nach dem Geldeinsammeln sah er ein Mädchen aus dem Nachbarhaus am Wald treten. Sie war auf dem Weg zum Bahnhof, um in die Schule der nahen Kreisstadt zu fahren. Er hatte sie zuvor schon das eine oder andere Mal gesehen, aber niemals so wie dieses Mal. Unter den schwarzen Haaren ein ernstes, anziehendes, ausdrucksvolles Gesicht mit dunklen Augenbrauen und feinen, doch ausdrücklichen Lippen. Sie war groß. Wie sich unter der schwarzroten Strickjacke ihr Busen andeutete! Schon beim nächsten Mal arrangierte er es, mit demselben Zug wie sie in die Stadt zu fahren und im selben Abteil einen Platz zu finden. Sie sprach mit niemandem, das gab ihrer Gestalt, ihrem Gesicht einen noch intensiveren Ausdruck. Er konnte nicht anders, als auf ihre schwarzrote Strickjacke zu schauen. Er sah ihre sich im dunklen Kleid abzeichnenden Schenkel. Die Schweigende anzusprechen, irgend etwas über die Schule zu sagen, sie zu fragen, in welche Klasse sie ging – all das drängte ihn. Aber wie sollte er das anstellen? Er konnte es einfach nicht. Statt dessen schwieg er, und er schwieg auch das nächste Mal, als er sie auf dem Weg hinunter aus dem Wald traf. Weder er noch sie sprachen jemals auch nur ein Wort zueinander.

In dieser Zeit kam ihm das schwarzrote Mieder nicht mehr aus dem Sinn. Bei der Beichte wollte der Pastor mehr darüber wissen. Konnte dieser sich das nicht selbst ausmalen? Der Junge gestand, dass er sich gewünscht habe, das schöne Nachbarmädchen hätte ihr schwarzrotes Oberteil ausgezogen, hätte sich ganz ausgezogen und sich ihm nackt gezeigt. Dass sie sich für ihn ausziehe, das hatte er besonders im Bett gedacht, in diesen einsamen, auf sie konzentrierten Augenblicken. Nun aber, im Beichtstuhl, wurden ihm die Fragen des Pastors allmählich zuviel. Er stand auf und verließ den Beichtstuhl. Schon das letzte Mal, als er nur Andeutungen seiner Lust auf den Körper des Mädchens gemacht hatte, hatte der Pastor, der so getan hatte, als wäre der lustvolle Wunsch, ein Mädchen zu entdecken und mehr von dem, was unter ihrem Kleid verborgen war, eine Todsünde, ihm aufgetragen, zur heiligen Maria zu beten. Aber die hatte ja schon, als er noch viel jünger war und das Marienlied hörte, in welchem sie mit »Süße« angeredet wurde, in ihm die Vorstellung geweckt, sie küssen zu wollen. Und später entdeckte er Gemälde von ihr, auf denen sie ihre weiße Brust zeigte. Das war wie eine Bestätigung seiner Lust aus höherer Sphäre. Irgend etwas musste also mit der Religion nicht stimmen, wenn sie diese Lust verbot und dennoch so offen ausstellte.

Die Messdienerzeit ging zu Ende, und religiöse Themen verschwanden aus seinem Leben. Und so ging er auch nicht mehr in den Beichtstuhl. Statt dessen las er Ludwig Ganghofer. Drei Romane hatten es ihm insbesondere angetan: *Die Martinsklause*, *Schloß Hubertus* und *Das Schwei-*

gen im Walde. Es ging immer um die brandheiße Liebe im bayrisch-österreichischen Wald des Mittelalters oder des 19. Jahrhunderts. Die Sinnlichkeit, die Leidenschaft zwischen einem jungen Adligen und einem Mädchen aus dem Volk. Ein wahres Feuerwerk. Wie in den Operettenliedern, die mittags im Wunschkonzert des Radios zu hören waren, ohne dass die Mutter bemerkt hätte, wie gern er sie hörte: »Meine Lippen, sie küssen so heiß, / meine Glieder sind schmiegsam und weich«. Das war es! Er war gerade fünfzehn Jahre alt geworden. Und immer öfter hörte er solche Schlager oder las Bücher solcher Art und sah sich Bilder an, die ihn ermahnten, dass er in Wirklichkeit endlich das alles, was er noch nicht erlebt hatte, erleben musste, vor allen Dingen selbst einmal diese weiße Brust der kleinen Seejungfrau in allen anderen Brüsten zu entblößen.

In der fünften Klasse des Gymnasiums, der nunmehr gemischten Obertertia, saß direkt vor ihm ein hellblondes Mädchen, auf dessen schlanken weißen Nacken er die ganze Zeit blickte. Während er im Unterricht immer nur ihre Rückseite sehen konnte, ihren Nacken, sah er sie im Kopf stets von vorn: den Ausschnitt ihres roten Kleides. Jeden Tag saß sie vor ihm, jeden Tag dachte er an ihre Vorderseite. Sie hieß Helga. Das passte irgendwie zu ihrer Blondheit. Als man während des Deutschunterrichts mit verteilten Rollen Schillers *Wilhelm Tell* las, sollte er den jungen Ulrich von Rudenz lesen, der zunächst gegen die Schweizer Freiheitsbauern auftritt, dann aber – er ist ein Neffe des die Bauern unterstützenden Freiherrn von Attinghausen – auf die Seite der Bauern übergeht. Die Rolle, die er bekam, war ihm gerade recht, denn der vor ihm sitzenden Helga mit dem weißen Hals und dem Ausschnitt war die Rolle der Berta von Bruneck zugewiesen worden. Sie würden sich im Drama ineinander verlieben, nachdem Berta den ihr seine Liebe erklärenden Rudenz auf die Seite der Rebellen gezogen hatte. Einen weiteren Liebesdialog zwischen den beiden gibt es nicht.

Die Lesung von Schillers Stück dauerte mehrere Deutschstunden. Er hatte nun einen Grund, sich mit Helga öfter als früher zu unterhalten. Die Rolle des Liebespaares, die sie zu lesen hatten, veränderte ihr Zueinander, wobei sie natürlich vornehmlich über den Dichter und das Stück sprachen. Dabei lachten sie über ihre jeweilige Art zu lesen. Aber es war wohl auch der Versuch, etwas Verborgenes auszusprechen. Jedenfalls fragte sie ihn, ob sie nicht einmal einen Spaziergang miteinander machen wollten. Natürlich! Er sollte sie am Haus ihrer Eltern abholen. Sie würde vor der Tür warten. Von dort aus gab es einen schönen Weg durch die Felder. Wann? Nächste Woche. Und so kam es. Auf dem Weg zu ihr war er vor Aufregung gar nicht richtig beisammen. Es war das erste Mal, dass er mit einem Mädchen allein spazierenging. Er wusste nicht viel zu sagen. Über das Schiller-Stück sprachen sie nicht mehr, obwohl er sich das als eine Art Gedankenstütze vorgenommen hatte.

Sie blieben nicht auf dem Weg, sondern gingen quer über das Feld, an dessen Seite Korn wuchs, das Feld mündete in einen Weg zu einem Tannenwald, auf den sie zusteuerten. Irgendwie geriet sie mit der Hand an eine Tannenrinde, aus der Harz ausgetreten war. Sie versuchte, die klebrige Masse mit Blättern von ihrer Hand zu wischen. Das gelang nicht richtig. Sie streckte die Hand höher, um sehen zu können, was noch an ihr klebte. Da ergriff er ihr Handgelenk und säuberte es.

Obwohl nur eine Hilfsaktion, bedeutete diese Unterstützung doch auch etwas anderes, insofern sie einem Mädchen galt. Es war eine körperliche Berührung, ohne jede

Vorbereitung. Er gab sich konzentriert, als Helfer, aber es war, als ob ihr Leben in seines übertrete. Die Säuberungsaktion dauerte nicht länger als eine oder zwei Minuten. Diese aber hatten es, jedenfalls für ihn, in sich. Und erst mit gesuchten Reden über Harz fand er sich wieder mit ihr zurecht. Beim Anfassen ihrer Hand hatte er sich ihr nicht weiter genähert. Doch der aufrechterhaltene Abstand, der nicht ausgeführte Versuch, sie zu umschlingen, sich in ihren Körper hineinzufühlen, das war es, was ihn so sehr erregte. Die kleine Seejungfrau! Er hatte schon damals den Mädchenkörper im Kopf gehabt, und die kleine Seejungfrau war nur die erste gewesen, die ihm gewährte, ihn wenigstens sehen zu können – jedenfalls im Buch. Helga aber konnte man anfassen. Ihre Brüste spüren! Es war der Augenblick gekommen, sie zu küssen. Seine Kehle wurde trocken, als er dachte, sie im nächsten Moment an sich zu ziehen und sie zu umfassen, während er gleichzeitig eine Brust umfasste, sie hochdrückte, um ihre Spitze zu küssen, in den Mund zu nehmen. Es wurde ihm etwas schwindlig, es war ihm, als müsse er sie sofort ins Gras ziehen und zum ersten Mal das tun, von dem Jungen in diesem Alter anfangen zu träumen: in sie einzudringen.

Nichts geschah. Helga wusste nicht genau, was in ihm vorging. Aber eine Ahnung davon hatte sie wahrscheinlich und selbst womöglich ebenso Lust darauf. Sie tat aber nichts, das ihn hätte ermutigen können. Sie taten beide, als ob nichts geschehen wäre. Er brachte sie nach Hause. Sie verabredeten sich nicht noch einmal. Beide wussten sie, dass sie etwas falsch gemacht hatten und dass sie es auch beim nächsten Mal nicht besser machen könnten. Nicht sie beide miteinander. Als sie wieder im Klassenzimmer saßen, wurde kein Wort darüber gesprochen. Und im nächsten Schuljahr war sie nicht mehr da. Sie hatte ihm nicht gesagt, dass ihre Fami-

142

lie in eine andere Stadt ziehen würde. Noch lange musst er an sie denken, an den Augenblick im Wald, den sie verpasst hatten.

Je länger sich der entscheidende erste Augenblick, wie er ihn nannte, aufschob, desto stärker richtete sich die Vorstellung darauf, wie er ihr nahe sein könnte. Bei der Kostümprobe für die Schulaufführung kam er immerhin halb auf seine Kosten, wenn die Helferinnen des Regisseurs an ihm herumfummelten. Ganz sachlich, aber manchmal streifte eine seinen Kopf mit ihrem Oberkörper. Das war schon etwas.

Zu dieser Zeit – er war nun siebzehn Jahre alt – hatte er sich in »Gruschenka« verliebt, eine Figur aus Dostojewskis *Die Brüder Karamasow*: ein das Chaos atmendes Weib. Er stellte sich selbst als einen ihrer Anbeter vor. Mit solch einer Frau ans Ende der Welt ziehen! Unter den Lehrerinnen wiederum gab es eine, mit der er häufig über literarische und politische Themen sprach. Die über Dreißigjährige zog ihn aber vor allem körperlich an. Natürlich auch wegen ihres intelligenten, ausdrucksvollen Gesichts, doch insbesondere wegen ihrer üppigen Formen. Bei einem Karnevalsabend der Schule tanzte er mit ihr und spürte dabei ihre Brüste, und er konnte nicht verhindern, dass auch sie ihn möglicherweise spürte, wenn beim Tanz ihre Körper sich in Hüftnähe berührten. War der Tanz, jedenfalls so ein Tanz, nicht die Vorbereitung für das Bett? Er hatte manchmal den Einfall – und der kam ihm immer wieder –, sie abends auf ihrem Nachhauseweg abzufangen, sich ihr geradezu in den Weg zu stellen. Dann würde sie ihn mit zu sich nach Hause nehmen. Er tippte sich an den Kopf. Welch ein verrückter Einfall! Welche Peinlichkeit würde auf ihn warten angesichts dieser selbstbewussten, souveränen Frau. Sie wäre gar nicht empört, sie würde nur über ihn lachen. Offenbar saß ihm doch noch das Bild von der kleinen Seejungfrau im Kopf. Wie auch immer – es war eine Epoche ständiger Versuchung angebrochen. Für eine erwachsene Frau wie die Lehrerin war er noch viel zu jung. Helga war nicht mehr da. Also galt es, eine neue Helga zu finden.

Er hatte in der Bibliothek zufällig ein Buch über die Südsee aufgegabelt und war auf ein ganz ungewöhnliches Bild gestoßen: Man sah eine Gruppe hübscher, wohlgeformter, nackter Mädchen vor einer Gruppe ebenso nackter junger Männer tanzen. Nicht nur ihre Brüste lagen zum Greifen nah, sie hielten ihm auch ihren Schoß entgegen, so dass ihre Vagina wie eine dunkle Frucht zu sehen war. Sie hatten ihre Hände auf die ausgestellten Hüften gestemmt, und so boten sie sich den jungen Männern an. Schamlos. Vielmehr: ohne Scham. Das war ihr Zeichen dafür, dass sie auf einen der jungen Männer warteten, dass er sie auf den Sandbänken am Meer nehmen würde. Vielleicht war es aber auch ein symbolischer Fruchtbarkeitstanz. Daran aber dachte er damals nicht. Er war nur von den nackten Mädchenkörpern elektrisiert.

Nachdem er sich das Bild lange angesehen hatte, lieh er sich das Buch aus. Die Bibliothekarin hatte keine Ahnung, warum er gerade dieses Buch lesen wollte. Bei dem Bild, um das es ging, handelte es sich nicht, wie noch bei dem Bild mit der kleinen Seejungfrau, um eine Zeichnung, sondern um eine Fotografie, also ein Dokument der Realität, auf dem die nackten Südseemädchen zwar Naturwesen waren, aber lebensechte. Für ihn ein weiterer Wink mit dem Zaunpfahl, endlich die Phantasie hinter sich zu lassen und in Wirklichkeit ein nacktes Mädchen zu treffen. Das stand ihm jetzt bevor – nicht schlecht für die Zukunft. Das Bild mit der kleinen Seejungfrau würde ihm Wirklichkeit werden.

Schlaflos

»Schlaflos« hört sich besser an als »ohne Schlaf«. Warum?
Das Adjektiv bezieht sich eher auf einen bestimmten Charakter, eine Existenz; das Substantiv auf die nächtliche Unruhe jedermanns. Von vielen Menschen heißt es, sie schliefen schlecht, da sie bloß daliegen und warten würden. Schlaflose aber reihen sich nicht ein in die Herde der vielen Unglücklichen, die schlecht oder oft gar nicht schlafen. Eben jene, die »ohne Schlaf« bleiben. Das Wort »schlaflos« birgt einen poetischen Kern, den das Wort »ohne Schlaf« nicht besitzt. »Schlaflos« ist – anders als »ohne Schlaf« – auch eine Potenz, eine permanente Eigenschaft, nicht bloß eine Krankheit, die über einen gekommen ist. Wenn man hört, einer sei schlaflos, denkt man an die Nacht. Die Nacht ist eine poetische Zeit. Nicht nur, weil die Dichter sie so oft poetisch dargestellt oder deren Gestalten so von ihr gesprochen haben. Sie ist es, weil der Schlaflose nicht träumt, dafür aber Vorstellungen produziert, die wie Träume daherkommen oder aussehen.

Die bekannteste Ursache bei denjenigen ohne Schlaf ist die Sorge, die konkrete Furcht vor einem bevorstehenden Unglück, sei es Mangel an Geld oder seien es berufliche Probleme. Das ist das Thema, worüber die, die nachts ohne Schlaf daliegen, sprechen. Schlaflosigkeit dagegen kommt nicht aus einer solchen Furcht, sondern aus einem generell negativen Empfinden gegenüber der Umwelt, gegenüber dem, was der Schlaflose täglich sieht. Einen besonderen Fall dieser Art erzählte einmal ein solcher Schlafloser von sich selbst:

Er war für ein Jahr nach Paris gegangen. Er sollte über die deutsche romantische Literatur jede Woche eine Vorlesung an der École des Hautes Études halten. Das wäre Grund genug gewesen, nicht einschlafen zu können, auch wenn er die auf Französisch geschriebene Vorlesung nur abzulesen hatte, nicht zu diskutieren. Was ihn aber nicht einschlafen ließ, war die Stadt selbst. Doch das wusste er zu diesem Zeitpunkt noch gar nicht, sondern erst ein Jahr später, als ihn eine Kennerin auf die Ursache seiner Schlaflosigkeit stieß.

Ja, es war in Paris gewesen. Aber wieso? Was gab es Schöneres, Überwältigenderes, Wunderbareres als diese Stadt? Aber es hatte sich ihm schon bei der Einfahrt in die Gare du Nord ein anderer Eindruck aufgedrängt. Es begann mit den hässlich-finsteren Fronten der Häuser am Rand der Gleise auf der Fahrt zum prächtigen gläsernen Bahnhof hin. Nun gut, das war überall so. Nichts ist hässlicher als die Einfahrt nach Köln hinein, wenn man von der linken Rheinseite kommt.

Und dann das Viertel, in dem er sich in Paris eingemietet hatte, ohne die Wohnung vorher angesehen zu haben. Es lag am Westhang des Montmartre, zwischen der schönen Rue Caulaincourt und der hässlichen Rue Ordener an der Ecke der Place Jules Joffrin. Beide Straßennamen hatten es ihm angetan: Der General Caulaincourt war Napoleons Tagebuchschreiber auf dem Rückzug aus Russland gewesen, und über der Rue Ordener hatte Breton den surrealistischen Frühling aufgehen lassen. Aber das nützte jetzt nicht viel. Das Fenster seines Arbeitszimmers, in einer Wohnung zwischen Tankstelle und Restaurants, lenkte den Blick direkt in den Frisörsalon auf der gegenüberliegenden Straßenseite. Und Grauheit schien sich über die ganze Stadt gelegt zu haben, wodurch auch die architektonisch vollendeten Häuser irgendwie düster wirkten. Es war die Stimmung gewesen, eine anonyme Stimmung, die ihn einsam gemacht hatte.

Die ganze Stadt war ja umkleidet von einer majestätischen *grandeur* der Distanz, die sich nicht einlassen wollte auf irgend etwas. Ganz im Unterschied zu Rom, London oder Berlin. Camus hatte das schon bemerkt und dazu die lapidaren Sätze geschrieben: »Was an Paris begeistert: die fürchterliche Einsamkeit. Als Heilmittel des Lebens in der Gesellschaft: die Großstadt.« Doch das war Camus. Der war tatsächlich einsam gewesen – trotz seines wachsenden Ruhmes als Schriftsteller. Er hatte Paris nie gemocht und sich mit Sartre aus politischen Gründen überworfen. Nach seiner Ankunft aus Algerien wurde Camus in Paris nie heimisch. Er mochte die Franzosen nicht. Sie fänden alles, was hübsch sei, schön, und alles, was schön sei, hübsch. Das hatten nur wenige Franzosen verstanden, auch wenn Flaubert in seinen Briefen voll Abscheu bereits ähnlich geurteilt hatte.

Der Paris-Besucher war, auch wenn er weder Camus noch Flaubert war, also ebenfalls nicht heimisch geworden. Sein Französisch war mangelhaft. Entscheidend aber war, dass ihm an der Sprache und am Benehmen seiner akademischen Partner so vieles nicht gefiel. Auch an den Studenten nicht. Sie verhielten sich so schweigsam, es gab keine lebhaften Fragen. Nur dieses Niedergebeugtsein auf ihr Schreibzeug. Eine Gymnasiallehrerin korrigierte diesen Eindruck brüsk: Französische Studenten seien halt besser erzogen als die emotional unkontrollierten Deutschen. Sie ließen ihr Temperament in der Politik aus, nicht an der Universität, wo es um das Erlernen von Unbekanntem ginge.

Verhielt es sich vielleicht so, dass Paris für ihn zur Ödnis geworden war, weil kein wirklicher Gesprächspartner zu finden war? Nein. Er wurde sogar von einem distanzierten

Gräzisten zu einem Abendessen in dessen Wohnung eingeladen, in einer der schönsten Pariser Straßen zum Boulevard Saint-Germain hin. Allerdings endete der Abend mit einem Thema, mit dem er ansonsten nie konfrontiert worden war: nämlich mit der deutschen Präsenz in Frankreich zwischen 1940 und 1944. Dass einer der namhaftesten westdeutschen Romanisten in die bestialische Schlächterei von Oradour verwickelt gewesen sei. Die Unterhaltung darüber kam zu keinem Einverständnis, und man traf sich kein zweites Mal. Nun ja, das konnte passieren. Aber es steckte mehr dahinter. Hier war es darum gegangen, dem deutschen Gast eine für diesen schwerwiegende Übereinstimmung aufzunötigen. Das war danebengegangen.

Nachts schlaflos über solche Zusammentreffen nachzudenken bekam besonderes Gewicht, das Gewicht einer in diesem Zustand zu erlangenden Gewissheit. Wenn er nach Stunden schließlich doch eingeschlafen war, hatte er die nächtlichen Gedanken am nächsten Tag zwar nicht vergessen, aber sie belasteten den Tag wenigstens nicht mehr. Die Gewissheit einer nächtlichen Erkenntnis fügte dem folgenden Alltag etwas eher Positives hinzu: Denn der Schlaflose unterscheidet sich von demjenigen, der bloß ohne Schlaf bleibt, durch seine reflexive Existenz. Er denkt in der Nacht über Phänomene und Eindrücke nach, über die er in alltäglich wachem Zustand vielleicht nicht nachdenken würde. Der Schlaflose wird zum Grübler, der vielleicht etwas ihm bisher verborgen Gebliebenes erkennt –, er wird zum Denker.

Aber träumte er denn gar nicht? Oder war die ganze Schlaflosigkeit nicht selbst bereits wie ein interessanter Traum, nähern sich Vorstellungen während schlafloser Zustände doch oft schon der Poesie des Traumes, sind Träumerei. Wann aber ist ein Traum interessant? Der simple Satz

»Träume sind Schäume« unterstellt, dass an ihrem Inhalt nichts dran sei. Wieviel jedoch dran ist, ist seit Freuds 1900 erschienener *Traumdeutung* bekannt, auch wenn sie inzwischen in mancher Hinsicht revidiert wurde. Ob die einzelnen Erklärungen – die berühmteste ist wohl, der Traum sei eine »Wunscherfüllung« – neuen Diagnosen standhalten, ob vor allem der Begriff der »Zensur« weiterhin Bestand hat, das ist hier nicht so wichtig. Wichtig ist, welche Bilder im Traum auftauchen und wie sich diese mit den Assoziationen in schlaflosen Zuständen überschneiden.

Die Traumartigkeit des Müde-vor-sich-Hindämmerns erzeugt vielleicht auch Wunschbilder. Vor allem die Vorstellung von Frauen. Derartige während der Schlaflosigkeit aufscheinende Bilder überschneiden sich häufig mit solchen älterer Träume. Da stellte sich einmal der imaginative Anblick einer ehemaligen Freundin beim Sich-Ausziehen ein. Es ergab sich keine sexuelle Szene. Ihre Körperlichkeit trat plötzlich, aber doch nur vage hervor. »Blöße« war nicht das richtige Wort für das, was zu sehen war: Es war Nacktheit. Indem er das Wort, unbewusst, vor sich hinsprach, klang es einladend, signalisierte den Beginn einer Handlung. Die Ehemalige agierte in dieser Phantasie nicht bloß verführerisch, sondern gleichzeitig aggressiv, sogar bösartig: so, als habe sie bei ihrer Entblößung etwas ganz anderes als ihn im Sinn gehabt, etwas mit einem anderen. So etwas war aber nie geschehen. Nun jedoch war es anregend für den Schlaflosen, darüber nachzudenken, mit wem sie es hätte tun wollen. Dieser Gedanke vermischte sich mit ganz konkreten Situationsbildern, mit der Art, wie sie zu ihm sprach. Es hatte etwas Unheimliches, denn so sprach sonst niemand mit ihm. Dass diese Beziehung längst schon vorbei war, tat der Dringlichkeit, die Szene sich vorzustellen, keinerlei Abbruch. Vielleicht bereitete es dem Schlaflosen Lust, das Vergangene, das endgültig nicht mehr Beunruhigende, sich derart als eine Bedrohung vor Augen zu führen – eine Bedrohung, die immer besteht, egal, mit wem man gerade zusammentrifft: zelebriert noch als traumhafter Zustand, wenn sie *de facto* vorüber ist, doch potentiell existiert.

Eine ganz andere Art von Furcht lag in der Vorstellung, im Seminar plötzlich von Unsicherheit überkommen zu werden. Es handelte sich dabei nicht um die Erinnerung an eine kürzlich vorgefallene Situation. Nein, es war das Sich-Eingraben in eine solche Möglichkeit. Je weniger er das bereits erlebt hatte oder zu erleben fürchtete, um so dramatischer malte er sich solch eine Szene der Unsicherheit gegenüber seinen Studenten aus. Denn die Vorstellung vom gefährlichen Leben ist auch eine Erscheinung von Daseinslust, nicht allein eine Überwältigung durch Furcht. Sich das Schlimmste ausmalen zu können gehört zur Selbstgewissheit, die diesem Typus von Schlaflosen eigen ist. Was würde also im Hörsaal oder im Seminar passieren können? Wenn er eine vorbereitete Vorlesung vortrüge, gar nichts. Wenn er aber bloß zentrale Stichworte vor sich hätte, die noch zu theoretisch weiterführenden Begriffen entwickelt werden müssten, eine ganze Menge. Er kannte jemanden, der nie einen fertigen Vortrag bei sich hatte und nur von kurzen Notizen auf Karten lebte: souverän, ohne Zögern, stichwortsicher. Die schiere Möglichkeit eines Absturzes konnte das nächtliche Spekulieren über das nächste Auftreten mit einer noch nicht entwickelten Idee zu Höhenflügen der Assoziation animieren. Ja, schlaflos konnte man sich Himmel und Hölle ausmalen. Zweierlei wäre denkbar: Er würde das Thema umreißen, doch ginge ihm plötzlich der Gedankenfaden verloren, oder aber er wäre nicht in der Lage, eine der Fragen eines einschlägig kritisch Begabten sofort zu beantworten, und es saßen einige sehr Begabte im Raum. Letzteres war die heiklere Variante. Denn wenn das schlaflose Bewusstsein sich gerade dieser Möglichkeit annahm, dann imaginierte es damit eine Kritik, die scheinbar gefestigte oder scheinbar unerschütterliche Zusammenhänge in Frage stellen konnte: Ein von Schülerseite neu eingeführtes stichhaltiges Argument müsste in einem neuen Zusammenhang sogleich als relevant klassifiziert werden. Eigentlich hatte er aufgrund seines guten Verhältnisses zu den Studenten keinerlei Anlass, solche Zwischenfälle zu befürchten. Doch ließ die nächtliche Vorstellungskraft des Schlaflosen die eingebildete Frage mit Spannung aufladen. Dieses Spiel mit der Gefahr war die eigentliche Quelle besonderer Imaginationen während einer schlaflosen Nacht. Ob es nun gerade diese Gefahr sein würde, der er zum Opfer fallen könnte, oder eine ganz andere – Gefahren lagen für den Phantasiereichen immer voraus, und sich den akademischen Alltag als eine Gefahrenzone auszudenken war nichts Abwegiges, sondern im Gegenteil besonders ergiebig.

Etwas anderes, aber auch zu diesem Thema gehörend, war der Streit mit einem professoralen Kollegen. Man stelle sich keinen feindseligen Konkurrenten vor. Vielmehr jemanden, der eigentlich als Repräsentant des Widerwärtigen in der Universität sein Haupt erhob: den salbungsvollen Auftritt als Lehrstuhlinhaber, die bedeutungsschwangere Sprache bei banalen Themen und die schiere Anmaßung beim bürokratischen Betriebsargument. Das ließ sich bei den nächtlichen Suchbewegungen nach der Lächerlichkeit von Amtsverwaltung steigern, etwa indem zum Objekt der Verwerfung nicht unbedingt der Rektor, aber der Dekan wurde. Im gegebenen Falle drängte es sich besonders auf, weil dieser

Dekan die Literatur in den Literaturwissenschaften klein-
halten wollte.

Schon das zunächst modern gewordene Wort »Literaturwissenschaft« kündigte diese Absicht an. Der Dekan war
Linguist, und er hielt die linguistische Methode für norma-
tiv bindend für die gesamte Fakultät. Die Fakultät enthielt
sich deshalb des Begriffs »Germanistik« und stopfte alles,
was in dieser Fakultät gedacht wurde, in das Wort »Literaturwissenschaft«. Das intuitiv geistesgeschichtliche Vor-
gehen der Germanisten, sofern sie wirklich diesen ihrem
Fach angemessenen Weg gingen, hatte im Konzept des De-
kanats eigentlich keinen Platz. Zu Recht. Der Begriff »Wissenschaft«, der sich ja an die Naturwissenschaften anlehnt,
wurde durch die Lektüre und Deutung von Literatur, von
sogenannten schöngeistigen Texten, nicht eingelöst. Das,
was man »Geisteswissenschaften« nennt, trägt eine in sich
widersprüchliche Bezeichnung. Was da als »Geist« auftritt,
ist eine ganz auf der Subjektivität des Ich begründete intellektuelle Ausdrucksform. So wie er selbst als Schüler dem
Physiklehrer auf die Frage, warum er denn nicht beim Experiment des freien Falls zuschauen wolle, geantwortet hatte:
»Weil es nichts mit mir zu tun hat.« Die Naturwissenschaften, Wissenschaft überhaupt, transzendieren diese Subjektivität des Ich.

Als der Schlaflose über diese Konsequenz nachdachte,
schrieb er in seinem schlaflosen Zustand einen Brief an den
Dekan. Er entwarf ihn in aller Schärfe. Er schlug diesem eine Teilung der Fakultät vor, mehr noch: ihre Auflösung. Die
Germanisten sollten, wie früher üblich, ihre ureigene Sache
betreiben und mit den anderen Philologien zusammen eine
Fakultät bilden, die Linguisten könnten sich dann unbe-
helligt an dem Begriff »Literaturwissenschaft«, ja »Wissen-

schaft« laben. Was er sich nachts ausgedacht hatte, setzte er am nächsten Tag um. Zwei Tage später wurde er ins Dekanat gebeten, und es gab Krach. Es hatte gerade die mündliche Doktorprüfung eines Germanisten, genauer: eines Literaturhistorikers, stattgefunden, in der dieser vom Dekan, arrogant und ahnungslos dem gegenüber, was das Thema des Germanisten war: nämlich Kunst, mit linguistischen Fragen traktiert worden war.

Es passte zum Zustand der Schlaflosigkeit, dass all dies in solchen Nächten aufstieg und seine Kraft eben daraus gewann, dass die Auffassung von einer den Wissenschaften entgegengesetzten Geistestätigkeit ihre Beglaubigung durch die Nacht erhielt. Dann blieb es nicht beim Still-vor-sich-hin-Träumen. Dann tilgte der Affekt gegen die falsche Auffassung der Literaturexegese als Wissenschaft auch jeden Ruhepunkt, an dem das Schlafbedürfnis sich wieder hätte einfinden können. Um aus dem Bett aufzustehen, hin und her zu gehen – dazu war er zu müde. Aber der Blitz des Einfalls, der ihn getroffen hatte, half ihm weiter: Man würde sich mit anderen Germanisten, Romanisten, Slawisten zusammentun und den Austritt aus dieser Fakultät einfach öffentlich erklären. Darüber schlief der Schlaflose dann doch besänftigt ein.

Eine Woche später, als es wirklich zur Verschwörungssitzung derer gekommen war, die seinem Einladungsbrief gefolgt waren, erreichte ihn ein Brief vom Rektor. Dieser folgte der Einladung zu einem freundlichen Treffen und hörte, obwohl er Mathematiker war, unparteiisch zu. Als der Schlaflose ihm zu erklären versuchte, dass man mit Leuten, welche die Essays der amerikanischen Literaturkritikerin Susan Sontag nicht einmal vom Namen her kannten, keine gemeinsame Fakultät aufrechterhalten könne, da schien er nachdenklich zu werden. Er verstand, was eine solch radikale Differenz der Methode an Sprengstoff für die gemeinsamen Gespräche in sich barg. Er nickte freundlich und fand, man solle es doch vorerst noch einmal miteinander versuchen, höflich miteinander umgehen, was dem Schlaflosen als ein leer bleibendes Versprechen erschien. Aber es war offiziell ein Unentschieden und bot neuen Stoff für das nächste nächtliche Grübeln.

Beständig war er dabei, sich Geschichten auszudenken. Nicht tagsüber am Schreibtisch, sondern nachts im Bett. Sie hatten keinen Zusammenhang im Sinne einer einsichtigen Handlungsfolge. Aber war an diesem Mangel etwas Verwerfliches oder nicht vielmehr sogar etwas Attraktives? Eine Novelle musste auf den mitgeteilten Details aufbauen und schließlich zu einem Finale führen, bei dem das vorher noch in ihnen Verborgene explodierte. Darin liegt ihre Nähe zum Drama, auch zur Ballade. Aber eine Erzählung von heute – konnte sie nicht vage bleiben, völlig unbestimmt, sollte sie es nicht sogar sein? Vieldeutigkeit, Mehrdeutigkeit hatte in ihrem Ausdruck zu liegen. Sie würde dann auch einem Konzept folgen, aber eben ohne die absehbare Auflösung der erzählten Ereignisse.

Der schlaflose Träumer dachte darüber nicht nach. Er hatte erst allmählich die Ähnlichkeit seiner Wachträume mit vieldeutigen Erzählungen entdeckt, war letztlich an seinen Assoziationen hängengeblieben, mit denen er, fürs erste zögerlich, seine einschlägigen Gedanken über Prosa verband.

Wenn man jemanden vor sich hat, der einem auf die eine oder andere Weise von traumartigen Wachzuständen erzählt, von denen Ärzte ihre Patienten heilen wollen, dann fällt einem der Titel jenes seltsamen, 1804 anonym erschienenen Buches ein, von dem man lange gerätselt hat, wer es geschrieben haben könnte: *Die Nachtwachen des Bonaventura*. Das Wort »Bonaventura« heißt ja eigentlich »gutes Geschick«. Der Erzähler und seine Phantasien sind wohlmeinend, wenn auch zeitkritisch und melancholisch. Jede der sechzehn Nachtwachen erzählt von einem neuen Phantasma, das sich ab und zu in seiner sinnlichen Bildlichkeit mit den anderen Phantasmen, den anderen Nachtwachen, berührt. Ob es um ein seltsames Ereignis im dämmernden Schein eines gotischen Domes geht, ob ein junges Weib mit aufgelöstem Haar und offener, schöner Brust an der Seite eines Sterbenden steht, ob Übeltäter sich selbst zur Hinrichtung drängen, sei es durch die Guillotine oder den Strang, auf dass sie am Jüngsten Tag besser davonkämen, oder ob sich Don Juan des Nachts, von Eifersucht getrieben wegen der Untreue seiner Geliebten, der lustvollen Evokation ihrer Brust hingibt.

Die Motive sind gespannt zwischen dem Bizarr-Grotesken, dem Erotischen und dem Dämonischen. Das hat an mehrere mögliche Verfasser denken lassen. Um den Stil Jean Pauls oder E. T. A. Hoffmanns, ebenfalls als mögliche Autoren im Gespräch, handelt es sich jedoch nicht. Auch Clemens Brentano wurde als möglicher Verfasser genannt, und zwar wegen der immer wieder aufblitzenden Ironie. Die Phantasie versprühenden Autoren der Epoche geben sich als hypothetische Verfasser dieser bei Nacht auftauchenden Einfälle die Hand. Doch ähnelt der hochromantische Held sehr den autobiographisch geschilderten Lebensstationen des Friedrich Gottlob Wetzel (auch wenn August Klingemann inzwischen als der wahrscheinlichere Verfasser gilt): zu Beginn Alchemie, danach Schauspielerei und Bänkelsängertum und schließlich Nachtwächter, der von seinen unheimlichen Wegen und Abwegen erzählt. Er sagt in der dritten Nachtwache: »Die Menschen sind, wenn sie handeln, höchst alltäglich, und man mag ihnen höchstens, wenn sie träumen, einiges Interesse abgewinnen.« Solche Alltäglichkeit hinter sich zu lassen, darin bestand einige Jahre zuvor auch E. T. A. Hoffmanns Unterfangen mit den Traumbildern in seinen *Phantasie- und Nachtstücken.*

Wenn die Nacht die Zeit des schlaflosen Träumers ist, dann schließt er sich an solche Phantasiestücke an. Aber es ist auch ein Transzendieren ins Unendliche, ohne dass er der Literatur gedenken müsste, noch nicht einmal der *Hymnen an die Nacht* des Novalis. Der schlaflose Träumer hält weder Nachtwache, noch gleitet er in die unendliche Nacht als mystische Sphäre. Aber die Nächtlichkeit, das Bewusstsein davon, ohne dass er die Augen öffnete und die Dunkelheit um sich herum wahrnähme, verleiht seinem Zustand etwas Alarmiertes, selbst wenn er sehr müde ist. Denn das ist er ja. Die Müdigkeit lässt ihn auch immer wieder in ein Vor-sich-hin-Dämmern verschwinden, in ein Vor-sich-selbst-Verschwinden einsinken, in diesen Zustand gegen die Wirklichkeit des Tages, geleitet ihn in ein Sich-Versenken in die Einfälle des einsamen Bettes.

Unser Schlafloser lebte seit einiger Zeit allein. Er war nie verheiratet gewesen, hatte aber einige Liebschaften gehabt, die sich, bis auf eine, ein ernsthaftes Liebesverhältnis über mehrere Jahre, lediglich als Affären herausstellten. Vielleicht also geht Einsamkeit mit Schlaflosigkeit einher. Denn dem nackt oder im Nachtgewand neben einer schlafenden Frau Liegenden kann zwar der Schlaf ausbleiben. Aber solche Schlaflosigkeit taucht nicht ein in Phantasien von treuen oder untreuen Frauen. Die Nähe der neben ihm Liegenden – das wird auch dem nur darüber Nachdenkenden klar – verhindert solche aus der Ferne herbeigeholten Vorstellungen. Vielleicht denkt man über die so nahe Schlafende nach. Aber das ist eben ein anderer Bewusstseinszustand als der des schlaflos Träumenden.

Im Hinblick auf unseren Schlaflosen drängt sich eine besondere Frage auf: Wieso nahm er keine Schlaftabletten? Nein, so sagte er, Schlaftabletten nehme er nicht. Zum einen bleibe er ja auch nicht jede Nacht ohne Schlaf. Das wechsele sich ab. Es gebe ganze Wochen, in denen er nachts schlafen könne. Der Schlaflose war ja auch nicht schlaflos im geläufigen Verständnis, war also nicht ohne Schlaf. Seine träumende Schlaflosigkeit wurde nicht passiv hingenommen. Sie hatte vielmehr irgendwie das Pathos einer aktiven Bewegung. Zur Abwesenheit von etwas trat etwas anderes hinzu. Etwas Produktives, und dessen Produkt hieß: Phantasiestück.

Es gibt berühmte Schlaflose in der Literatur, besonders in Shakespeares Dramen: Richard III., Hamlet, Macbeth. Auf deutscher Seite auch Werther. Sind es Berühmtheiten, die nicht schlafen können, oder sind sie berühmt, weil sie nicht schlafen können? Nehmen wir Richard III. Nun ja, er schläft wohl ein vor seiner letzten Schlacht, die ihn das Leben kosten wird, aber im Angsttraum, der zum Wachtraum wird, stehen alle seine Opfer von den Toten auf und sprechen ihn drohend an. Hamlet wiederum kommt in dem großen Sein-oder-nicht-sein-Monolog auch nicht ohne Schlaf und Träume aus: »Was in dem Schlaf für Träume kommen mögen«. Wahrscheinlich sind es, wie er polemisch bemerkt, Träume von Bedrohungen, die es abzuwehren gilt. Und auch Macbeth hat es mit dem Wort »Schlaf«. Damit fängt sogar alles an. Die Ermordung des Königs wird durch den wiederholten Satz »Sleep no more« angekündigt. Und der *Sommernachtstraum*? Denken wir an den Schlaf Titanias, der Elfenkönigin. Ihr Erwachen geht über in den grotesken Liebesanfall gegenüber dem als Esel vor ihr erscheinenden

Handwerker. Oberon, der Elfenkönig, von dem sie entzweit ist, hat ihr einen entsprechenden Saft aus einer Blume ins Auge geträufelt.

Diese Shakespeare-Stücke könnten thematisch nicht unterschiedlicher sein. In allen aber taucht das Motiv des Einschlafens, Halbschlafens, des Traumes auf. Wahrscheinlich lassen sich noch andere Stücke Shakespeares mit diesem Motiv finden. Man muss nur darauf stoßen und erkennen, dass es sich offenbar um obsessiv wahrgenommene Zustände handelt.

Sich dieser literarischen Traum- und Schlafzustände zu erinnern heißt nicht, dass man die geschilderten aus ihnen abgeleitet, auf ihnen begründet hätte. Sie sind absolutes Eigengebräu. Sie haben mit den literarischen aber insofern zu tun, als man deren Erfinder als Brüder im Geiste charakterisieren darf, die ähnliche nächtliche Zustände beschreiben.

Sich selbst im Spiegel sehen

Die berühmteste gespiegelte Selbstwahrnehmung geschah nicht mittels eines Spiegels, sondern an der Wasseroberfläche eines Teichs. In ihm erblickte sich nach griechischer Sage der schönste Jüngling weit und breit, der Sohn eines Flussgottes mit dem Namen Narziss. Wohlverstanden, zum ersten Mal. Als er am Ufer stehend hinabsah, war er entzückt von dem, was er sah. Oder sagen wir es so: Zuerst war er überrascht, jäh getroffen, obwohl er wusste, wie schön er war. Dann verwandelte er sich in einen Selbstverliebten. Doch aus dem Sich-Bewundern war er bereits vor seinem Blick ins Wasser nicht herausgekommen und hatte alle Bewerberinnen um seine Gunst abgewiesen. Selbst die schöne Nymphe Echo, die darob, so die Sage, dahinschwand zu einer bloßen Stimme der Liebe. Deshalb hatte ihn die Göttin Aphrodite eben mit dem Schicksal bestraft, sich im Blick auf das Wasser in sich selbst zu verlieben. Er würde gar nicht mehr aufhören, auf sein Bild zu schauen, und während dieser halben Ewigkeit sterben. Mit seinem selbstverliebten Blick gab er schließlich einer ganzen psychologischen Disziplin den Namen.

Das Thema der Eitelkeit vor dem Spiegel findet sich später auch im volkstümlichen Märchen von Schneewittchen angeschlagen und im Spruch der bösartigen Königin versinnbildlicht: »Spieglein, Spieglein an der Wand, / Wer ist die Schönste im ganzen Land?« Der Spiegel, der Königin ihr schönes Gesicht zurückwerfend, antwortet provozierend: »Frau Königin, Ihr seid die Schönste hier, aber Schneewittchen ist tausend Mal schöner als Ihr.« Es ist diese Antwort, die den Mordplan an Schneewittchen auslöst, mit dem die Königin einen Jäger beauftragt. Als dieser ihr dann Lunge und Leber eines Tieres anstelle der angeblich Ermordeten bringt, tritt der Spiegel noch einmal in Aktion. Auf dieselbe Frage von früher gibt er nun eine noch provozierendere Antwort: »Frau Königin, Ihr seid die Schönste hier, / Aber Schneewittchen über den Bergen, / Bei den sieben Zwergen / Ist noch tausend Mal schöner als Ihr.« Der Spiegel wird die mörderische Geschichte bis zum endgültigen Glück Schneewittchens sowie dem grausamen Ende der Königin beim Tanz in glühenden Schuhen kommentieren. Er steigert sich zum Medium der Wahrheit und Rettung in einer bösartig-gefährlichen Welt.

Das unter den 1812 von den Grimms herausgegebenen Hausmärchen sofort besonderen Anklang findende Märchen vom *Schneewittchen* verdankt seine Attraktivität ganz offensichtlich vor allem dem Spiegel-Motiv. Doch tauchte es in niedergeschriebener Form in den Märchen der Brüder Grimm nicht zum ersten Mal auf, sondern hatte da schon eine namhafte Karriere in der romantischen Literatur, in den Texten von Novalis und Clemens Brentano, hinter sich. Darin zeigte es sich nicht bloß als ein besonders anschauliches, metaphorisches Motiv, es gewann vielmehr symbolische Qualität. So heißt es in einem fragmentarischen Prosastück von Novalis: »Sanft und groß ist der Vorzeit Gang: Ein heiliger Schleier deckt sie für den Ungeweihten, aber dessen Seele das Schicksal aus dem sanften Rieseln des Quells schuf, sieht sie in göttlicher Schöne mit dem magischen Spiegel.« Der grammatikalisch und thematisch komplizierte Satz enthält den Hinweis auf die zentrale Bedeutung des Spiegels als Erkenntnismittel. Hier ist es der »magische Spiegel«, in dem die »Seele« des bisher Ungeweihten die »Schöne« der Vorzeit erblickt, die ansonsten von einem heiligen Schleier bedeckt ist. Es ist kein Sich-selbst-Sehen, es ist ein Erblicken des bisher Unbekannten.

Der Zusammenhang von Spiegel und Erblicken, nicht nur im Blick des Betrachters auf sich selbst, sondern im Hinblick auf etwas darüber hinaus Bedeutsames, zeigt sich bei Novalis auch in den *Hymnen an die Nacht* (1800). Im Spiegel treffen sich die durchdringende Sehkraft der Augen und die spirituellen Objekte der Wahrnehmung zur Entdeckung »unendlicher Geheimnisse«. Mit anderen Worten: Der romantisch gewendete Spiegel dient nicht allein als das geläufige Mittel der Selbstwahrnehmung, vielmehr verkörpert er die magische Kraft des Durchblickens. Durch ihn hindurch tritt die verborgene Welt des romantischen Geheimnisses in Erscheinung, so an zentraler Stelle des ersten Teils von Novalis' Roman *Heinrich von Ofterdingen* (1802). Im Blick auf das romantische Zeichen, die »blaue Blume«, in der er das geliebte Gesicht von Mathilde, der Tochter des Magiers Klingsohr, erkennt, sagt Heinrich, der Held des Romans: »Ich ward nur geboren, um sie zu verehren, um ihr ewig zu dienen, um sie zu denken und zu empfinden. Gehört nicht ein eigenes ungeteiltes Dasein zu ihrer Anschauung und Anbetung? und bin ich der Glückliche, dessen Wesen das Echo, der Spiegel des ihrigen sein darf?«

Die Wahrnehmung der Geliebten geschieht zum einen in eins mit der Wahrnehmung der Vorzeit, gerade weil die Geliebte Anteil hat am Geheimnis der Natur, versinnbildlicht im Bild der »blauen Blume«. Zum andern, weil das spezifische Mittel zur Entdeckung des Geheimnisses mit dem Wort »Spiegel« benannt ist. Denn den Spiegel nennen heißt zugleich, die Substanz des eigenen Ichs benennen, die über

161

das Instrument des Spiegels verfügt. Auch an einer anderen Stelle des *Ofterdingen*, wo das Spiegel-Motiv lediglich eine eher beiläufige Rolle spielt, tritt es mit der Intensität eines bedeutungsvollen Zeichens in Erscheinung: in der Anschauung des Flusses bei Augsburg als der »Spiegel des furchtbaren, geheimnisvollen Stroms«.

In Clemens Brentanos Werk hingegen erwartet man die Spiegel-Metapher womöglich nicht, weil man den Dichter der *Loreley* als zu balladesk versteht. Doch hat Brentano dem Wort »Spiegel« in seinen Gedichten und in seiner Prosa immer wieder eine zunehmend unheimliche Bedeutung zugewiesen. So etwa in »Szenen aus meinen Kinderjahren«, einem Gedicht der neunziger Jahre des 18. Jahrhunderts. Darin variiert Brentano im Anblick eines »Frauenbildes von Marmorstein«, das der poetische Sprecher in einer Mondnacht am See entdeckt, den Narziss-Mythos. Es heißt von diesem »Frauenbild«, dass es nackt in die Wellen des Sees schaue: »Sieht im Teich ihr Abbild winken / Das sich in dem Spiegel regt, / Möchte gern hinuntersinken, / Weil sich's unten mehr bewegt. / Aber kann die kalten, engen / Marmorfesseln nicht zersprengen.« Der See als Spiegel nicht einer lebendigen Frau, sondern von deren steinernem Abbild, mit einem Kind im Arm, bietet eine für Brentano charakteristische phantastische Wendung des bekannten Themas. »Traurig blickt [sie] in die Wellen, / Schaut hinab mit totem Harm«, um in diesem sinnreichen Spiegel erkennen zu müssen, dass sie »zum Leben nie erwarmen« kann. Der Spiegel erkennt nicht bloß, er hilft uns nicht nur, uns selbst zu sehen. Er kann auch vernichten.

Ähnlich wird die Magie eines »sinnreichen Spiegels« schließlich auch in Brentanos *Aus der Chronica eines fahrenden Schülers* (1818) ausphantasiert, in dem es zu einem besonders erschreckenden Ende kommt: Der Meister stellt seinen kunstreich gefertigten metallenen Spiegel wegen der Schaufreude des Publikums öffentlich aus und gibt Auskunft darüber, welche Zukunft für den einen oder anderen der Spiegel offenbare – bis hin zum blasphemischen Wunsch, den Leib des toten Christus im Spiegel zu sehen. Dafür bekommt der Meister viel Geld – und erfährt göttliche Bestrafung. Oder ist es die Bestrafung durch den Spiegel selbst? »... als die Sonne von Wolken verhüllt war, legte sich sein Kind an der Erde schlafen, und da der Meister nicht zugegen war, stand der Spiegel ohne Herr, die Sonne trat hervor und der Abstrahl des Spiegels traf und tötete das Kind. Da kehrte der Meister zurück und erkannte das Elend, und da er keinen Trost mehr in Gott fand, legte er sich nieder über sein Kind in die Flamme und verbrannte sich das Herz.«

Die Spiegel-Metaphorik zieht den Lyriker und Prosadichter Brentano um so mehr an, als der Blick auf wunderbare Naturphänomene (Mond, Stern, Stein), vergleichbar der Zeichensprache des Novalis – wenngleich ohne dessen naturphilosophische Tendenz –, seine poetischen Bilder prägt. So im Gedicht »Ich habe das gar nicht verlangt«: »Schaut kalt vom hellen Himmel Mondschein nieder, / So störet keine Farbe meinen Blick, / Ein jeder Ton klingt in mich selbst zurück, / Der reine Spiegel giebt mein Bild mir wieder. // Das Echo wacht, es kehren alle Lieder, / Verklungen in dem wechselnden Geschick, / Das früh verschwundne Bild vom innern Glück / Enthüllt sich froh, bewegt die leichten Glieder.« Hier wird der ursprüngliche Narziss-Mythos, einschließlich des Echo-Motivs, in der Selbstreflexion der Ich-Wahrnehmung von Gegenwärtigem und Vergangenem ausgespielt: eine artistische Gedankenbewegung, die das Einfache zweifach ausspricht.

Anders der zweite große Lyriker der romantischen Epoche, Friedrich Hölderlin, der sich nicht ein einziges Mal für die Spiegel-Symbolik entscheidet. Ebensowenig wie Ludwig Tieck, obwohl sich dessen phantastische Erzählungen *Der blonde Eckbert* (1797) und *Der Runenberg* (1802) vor lauter Geblinke, Gefunkel und Erblicken eigentlich geradezu nach dem Spiegel sehnen. Dagegen spielt in Heinrich von Kleists Aufsatz *Über das Marionettentheater* (1810) eine Spiegel-Episode die zentrale Rolle: Ein junger, anmutiger Mann beobachtet seine eigene Grazie im Spiegel, woraufhin er diese fortan nicht mehr wiederfinden und nicht mehr wiederholen kann. Seine Unschuld geht ihm infolge seines Blickes auf sich selbst verloren.

Auch Goethe hat dem Spiegel-Motiv eine zentrale Stellung beigemessen, was bei der Priorität der Sinnlichkeit in seinem Denken kaum erstaunlich ist. So heißt es im *West-östlichen Divan* (1819/1827), indem Goethe sein Urwort »blicken« dem Wort »Spiegel« unmittelbar folgen lässt: »Ja! mein Herz, es ist der Spiegel, / Freund! worinn du dich erblickst; / Diese Brust, wo deine Siegel / Kuß auf Kuß hereingedrückt.«

Novalis hat zu Beginn seiner *Studienblätter* 1797 die Frage gestellt: »Was ist ein Spiegel?« Seine vordergründige, quasi tautologische Antwort, »polierte Oberfläche«, gibt zwar keine Auskunft, doch reflektiert sie den Umstand, dass dem Spiegel nicht mehr die früher selbstverständliche Bedeutung zukommt. Die traditionelle Annahme einer Widerspiegelung des Inneren nach außen ist nunmehr nämlich fragwürdig und problematisch geworden. So auch in Goethes Erkenntniskritik, etwa in der bewusst konventionellen Anwendung des Spiegel-Motivs in den folgenden Strophen: »Laß den Weltenspiegel Alexandern: / Denn was zeigt er? –

Da und dort / Stille Völker, die er mit den andern / Zwingend
rütteln möchte fort und fort.« Nicht für eine hintersinnige
psychologische Erklärung von Macht benutzt Goethe hier
das Spiegel-Motiv. Ganz im Gegenteil setzt er die Tradition
der Spiegel-Metaphorik, die Unterscheidung zwischen Idee
und Erscheinung, nicht fort. Vielmehr ruft er die Erscheinung ohne Benennung dessen auf, was sie erscheinen lässt.

Doch gehört der Spiegel nicht nur zum Zeichenpotenti-
al der Literatur. Zugleich ist er ein bedeutendes Gerät in der
europäischen Zivilisation und steht am Beginn der abend-
ländischen Erkenntniskritik. Das hebt bereits mit der plato-
nischen Metaphysik des Lichts an, in der das Auge als Spiegel definiert wird, der sein Gegenüber reflektiert: Wenn das
Auge sich selbst sehen wolle, müsse es in ein anderes Auge
schauen, dessen Kraftzentrum die Pupille sei. Hier, etwa in
Platons Schrift *Alkibiades I.*, kann die sublime Fundierung
der Spiegel-Metapher zu Beginn der Kulturgeschichte vor-
gefunden werden, mit der dann Goethe aufgeräumt hat. Auf
die platonische Spiegel-Thematik folgt weiterhin die Idee
des Weltenspiegels in der neuplatonischen Philosophie, die
im Unterschied zu Platons Konzept von Abbild und Urbild
auf einem dem Sein immanenten Prinzip beruht, dem das
Abbild folge. Die junge Schöpfung, als Spiegel betrachtet,
wird so zum Beweis für die Existenz Gottes. Demgegenüber
wird in der Philosophie der Mystik (Meister Eckhart) der
Frage nachgegangen, was das Sein des Bildes, also das, was
man sieht, eigentlich sei: ein Spiegel oder eben das, was er
reflektiert.

Dieser Frage sinnt auch Nikolaus von Kues nach, um
die Teilhabe des Einen am Ganzen zu erklären. Indem er den
Blick aus dem Bild eines Wandbehangs von Rogier van der
Weyden erläutert, gelingt es Cusanus, die sinnliche Wahr-

nehmung selbst ins Zentrum zu rücken und auf diese Weise das zu überwinden, was sonst lediglich Metaphysik der Erkenntnis bliebe. Er beschränkt sich darauf, den Blick einer Figur des Hintergrundes auf den Betrachter des Bildes zu beziehen. Auch hier wird dem metaphysischen Interesse daran, ob der Mensch in Gott nicht sich selbst erkenne, nicht nachgegeben. In der Renaissance, bei Parmigianino, wird der metaphysische Symbolblick des Spiegel-Theorems dann endgültig durch den ästhetizistischen Perspektivismus substituiert.

Zu den berühmten Darstellungen nicht nur des Narzissmus-Themas treten späterhin Bilder von Personen – meist sind es Frauen –, die sich in einem Spiegel auf besondere Weise wahrnehmen. So in der reflexiven Selbstwahrnehmung von Filippo Carcanos *Il passatempo* (1871) und in Jean-Léon Gérômes *La vérité sortant du puits armée de son martinet pour châtier l'humanité* (1896), letzteres besonders erwähnenswert wegen seines emphatisch in Szene gesetzten Erkenntnisakts: Eine nackte Frau, gefangen in einem düsteren Ambiente, einer Art Kerker, betrachtet düsteren Blickes die sie umgebende Welt.

Nur Perseus, der die Medusa im Erz seines Schildes gespiegelt sah, so Ovid, konnte sich dem Ungeheuer ungestraft nähern und ihm den von Schlangen umflochtenen Kopf abschlagen. Alle anderen, die der Medusa ins Gesicht blickten, wurden in Stein verwandelt. Hier hat der Blick die Anmut der Selbstwahrnehmung verloren, und an deren Stelle tritt ihr Gegenteil – wie in Diego Velázquez' Gemälde *La Venus del Espejo* (um 1648-1651) –, das nackte Grauen des schlechthin Anderen. Der abgeschlagene Kopf der Medusa allein, auf deren Antlitz sich das Entsetzen spiegelt, wird zum Motiv der bildenden Kunst. Eine Ästhetik des Schreckens hebt an, sobald die Monstrosität in kalte Schönheit verwandelt ist, besonders eindrucksvoll in der spätantiken Medusa, einer Kopie des Originals aus dem 5. Jahrhundert v. Chr., und noch ungemindert in seiner Schrecklichkeit zweitausend Jahre danach, in Caravaggios Gemälde der *Medusa* von 1597/98.

Wer nicht gerade Kunsthistoriker ist, dem solche Motive geläufig sind, mag lange nach diesen Beispielen suchen. Und er tut es möglicherweise nicht aus kunsthistorischem Interesse, sondern weil ihn die Reflexionsbewegung des Spiegelblicks und ihre geistesgeschichtlichen Ableitungen interessieren, die der modernen Ich-Reflexion lange vorausliegen. Spricht man heute landläufig vom Spiegel-Blick, so weiß man von vornherein, was dieser Blick sehen wird. Dieser Blick hat das ihm zugehörige Gesicht in diesem oder jenem Spiegel schon häufig erblickt. Der Narzissus-Blick ist damit banalisiert, auf den üblichen Normalfall gebracht: Die Eitelkeit des sich Betrachtenden ist immer wieder am gleichen interessiert, auch wenn man sein Gesicht in verschiedener Hinsicht wahrnimmt – bald so, bald etwas anders. Die Erfahrung von Unbekanntheit und folgender Neuentdeckung – worauf unsere Betrachtungen hinauslaufen wollen – werden dabei völlig ausgeblendet! Man glaubt sein Gesicht genau zu kennen, seine vorteilhaften und weniger vorteilhaften Eigentümlichkeiten, und man ist bemüht, diese durch besondere Eingriffe in gefälliger Richtung zu optimieren. Dabei verzieht man kritisch die eigene Miene, verändert die Stellung der Lippen, öffnet sie oder presst sie zusammen. Der Blick in den Spiegel wird somit zum Beobachtungsspiel nach eingeübten Regeln.

Aber gibt es denn überhaupt so etwas wie den ersten Blick? Natürlich, jeder Mensch hat ihn – wie soll man es anders sagen? – hinter sich gebracht. Dann nämlich, wenn er als Kind sich in einem gewissen Entwicklungsstadium erstmals im Spiegel wiedererkannte. Erstaunlich daher, dass der Spiegel-Blick in Gesprächen so selten ein Thema ist. Liegt es daran, dass er so selbstverständlich war? Dass dieser erste Blick vor so langer Zeit, in der Kindheit, stattfand? Dass sich dem eine Gewöhnung an das eigene Gesicht anschloss, so dass im Erwachsenenalter die Erinnerung an jenen Blick verschwunden ist, der damals einen noch Unbekannten oder eine noch Unbekannte getroffen hat?

Dabei war es doch ein elementarer Akt der Identifikation, dem Freud eine komplizierte diagnostische Reflexion gewidmet und den der französische Psychoanalytiker Jacques Lacan als Spiegelstadium in einer Entwicklungsphase des Kindes, zwischen seinem sechsten und achtzehnten Lebensmonat, bezeichnet hat, wobei er die schon angedeutete Kategorie von Ich-Funktion, Narzissmus, Entfremdung (Ich ist ein anderer) aus dem Blick der Mutter entwickelte.

Diese theoretischen Hintergründe waren unwichtig bei seiner ersten Spiegel-Erinnerung, durch die ihm klar wurde, was der wirklich »erste Blick« eigentlich bedeutet, wenn er zur Identifikation seiner selbst führt. Es war wohl Anfang 1940, als die nächtlichen Bombenangriffe englischer Flieger auf die Städte im Rheinland einsetzten. Er war damals sieben Jahre alt. Geweckt durch das Abwehrfeuer der deutschen Flak-Batterien, stand er auf und ging ins Schlafzimmer der Eltern. Es war leer. Die unberührte Steppdecke auf dem Doppelbett wirkte so, als ob sie schon lange nicht mehr zurückgeschlagen worden sei. Und gerade das erschreckte ihn. Nicht das Flak-Feuer, sondern dieses Zeichen, dass die Eltern nicht nur jetzt, im Augenblick der Gefahr, nicht zu Hause waren, sondern es schon sehr oft nicht mehr gewesen waren.

Wo sollte er jetzt hin? Das Flak-Feuer kam nicht aus Batterien in unmittelbarer Nähe, sondern die Explosionen, wie er sie noch nie gehört hatte, kamen aus der Ferne, aus dem Stadtzentrum. Aus dem Flur des alten Hauses, in dem noch eine weitere Familie lebte, vernahm er Stimmen. Seine Mutter hatte ihm häufig gesagt: »Sei freundlich zu ihnen, es sind Juden, sie haben eine schwere Zeit.« Spät erst bekamen diese Leute die offizielle Erlaubnis und die Papiere, das Land bald zu verlassen. Jetzt waren sie es, die ihm seine Einsamkeit abnehmen könnten, dachte er. Doch um ihnen in den Keller folgen zu können, müsste er sich vorher noch richtig anziehen. Da aber, im leeren Schlafzimmer der Eltern, blieb sein Blick zufällig im Spiegel hängen. Ja, sein Blick war hängengeblieben. Denn es war ihm so, als hätte er plötzlich sein Gesicht überhaupt erst entdeckt. Als hätte er es noch nie gesehen. Und je mehr er auf dieses eigene Gesicht geschaut hatte, desto stärker war er von einer unbekannten Furcht gepackt worden, die nichts mit dem Fliegerangriff zu tun hatte.

Er hatte sich natürlich schon oft im Spiegel gesehen, aber in dieser Nacht, im Gefühl des völligen Alleinseins, hatte sein Gesicht, das eigene Gesicht, gewirkt wie eine Maske. Es hatte einen so intensiven Ausdruck gehabt. Auf ihn hatte sich sein eigener Blick gerichtet, und der unbekannte, erschreckende Ausdruck seines Gegenübers hatte ihn aus seiner Selbstgewissheit gestürzt. Ob das mit dem Verschwinden der Eltern, den bekannten Gesichtern, gerade in dieser Nacht zu tun gehabt hatte? Vielleicht. Aber das Entscheidende war etwas anderes gewesen. Er hatte sich zum ersten Mal als er selbst, als nicht mehr in Gemeinschaft mit anderen, als sein eigenes isoliertes Ich erblickt. Mehr noch: Er hatte sich selbst benannt. Er hatte sich verdoppelt, aber damit jemanden erblickt, den er noch nie vorher gesehen hatte.

Obwohl sich die Angst steigerte, konnte er nicht aufhören, auf dieses fremde Gesicht im Spiegel zu starren. Er musste etwas tun, irgendeine Handlung, die ihn wieder mit sich selbst zusammenführte in der alten Wirklichkeit. Nicht mit dem Anderen im Spiegel, sondern mit dem Gesicht, mit dem er sich bisher so selbstverständlich hatte identifizieren können. Erregt riss er den Vorhang vor dem Fenster zum Garten herunter, ohne einen Gedanken an den Fliegerangriff, der noch im Gange war. Als dann die Mutter, in Begleitung eines befreundeten Wehrmachtsoffiziers, das Schlafzimmer betrat, versetzte sie der Gesichtsausdruck des Sohnes in einen solchen Zustand, dass sie sich übergeben musste.

Nicht jeder erste Blick in den Spiegel, nicht jeder Blick, der den Blickenden sich erstmalig identifizieren lässt, ist erschreckend. Jedenfalls gibt es dazu keine psychologische Fallsammlung. Narziss hat sich zum ersten Mal selbst gesehen. Was er gesehen hat, war Schönheit, nicht das eigene Ich. Andererseits: Die Eitelkeit war sein Ich. Deshalb musste er sterben. Insofern ist der Mythos vom Blick in den spiegelnden Teich doch ergreifend. Er enthält vielleicht schon ein Moment der unheimlichen Selbstbegegnung, ohne diese zu erklären. Er überlässt uns verschiedenen denkbaren Deutungen.

Ohne dieses Vorbild hätte der große Bildererfinder Martin Scorsese (auf eine Anregung seines Hauptdarstellers hin) wohl nicht den Einfall inszeniert, Robert De Niro als rastlosen, nachts arbeitenden *Taxi Driver,* an sein Spiegelbild wiederholt die immer gleiche Frage richten zu lassen: »You talkin' to me? … Then who the hell else are you talkin' to? You talkin' to me? Well, I am the only one here. Who the fuck you think you're talking to?« Das Abbild im Spiegel wird als ein Anderer angeredet. Dieser Blick in den Spiegel widersetzt sich der Wiedererkennung des Selbst. Was aber bedeutet das? Lassen wir den Zusammenhang dessen beiseite, was den einsamen Taxifahrer im düsteren Milieu New Yorks zu seiner verzweifelten Selbstansprache bewegt, und sagen nur soviel: Ein Spiegelbild produziert keine genaue Darstellung dessen, der sich da sieht. Doch was dann? Rein technisch betrachtet, wäre die Antwort einfach, doch auch zu vordergründig, um einen intrikaten Einfall wie den in Scorseses Film zu verstehen.

Idylle und Chaos

Unter Kleists von Grausamkeiten durchtränkten Erzählungen ragt das *Erdbeben in Chili* hervor, vor allem deshalb, weil hier Liebe und Gemetzel, der disruptiv auftretende Widerspruch zwischen Frieden und Aggression, durch eine Naturkatastrophe bedingt sind.

Die Schilderung der sich nach dem Beben in anmutiger Natur wiederfindenden Liebenden, im Zusammensein mit ihrem gerade erst geborenen Kind, und ihrer beginnenden Freundschaft mit einem anderen Paar und dessen Kind bereitet die moralische Katastrophe vor, nachdem die Naturkatastrophe überstanden ist. Der Flucht Jeronimos aus dem vom Beben zerstörten Gefängnis und der Vereinigung mit der Geliebten Josephe in idyllischer Landschaft wird die Schilderung ihrer grässlichen Ermordung unmittelbar folgen. Doch ahnt man an diesem Ort das Kommende noch nicht. So nachhaltig ist der romantische Traum, dass beim Leser, vor allem aber bei den Liebenden, allen Anzeichen zum Trotz, kein Zweifel aufkommt, dass dieser Zustand dauern werde. Sie ergeben sich, obwohl noch nicht offiziell vermählt, erneut ihrer Lust, die ihnen als Verbrechen angerechnet worden war. Und dann passiert das, woraufhin die Erzählung angelegt ist: die Vertreibung aus dem Paradies.

Diese Vertreibung ereignet sich nun nicht im allegorischen Sinne, sondern es tritt das Unheimlich-Böse tatsächlich ein. Gemeinsam mit dem befreundeten Paar verlassen die jungen Liebenden die Landschaft des Glücks, um in jener Kirche an der Messe teilzunehmen, die beim Erdbeben nicht eingestürzt war. Aber schon kündigen die durchs Domfenster brechenden Strahlen der Abendsonne und das Schweigen der Gemeinde den Einbruch eines nichtreligiösen Geschehens an: In ihren »Flammen der Inbrunst« – eine Kleistsche Metapher für das Gefährliche – birgt die durchdringende Kraft des Sonnenlichts Zeichen des kommenden Unheils. Was sie zu bedeuten haben, deutet sich in der Predigt des Priesters bereits an: Er redet über das Erdbeben als Weltgericht, über den Riss in der Mauer und von der Verderbnis der Moral. Die Rede steigert sich bis zur Erinnerung an den Frevel der beiden Liebenden im Klostergarten. Wie Dolche dringen diese Worte in sie ein.

Der Ausbruch des Hass-Affekts ereignet sich, wie in *Die Verlobung von St. Domingo*, unmittelbar danach, steigert sich zur Mordraserei, der Jeronimo und Josephe zum Opfer fallen, wobei Jeronimo vom eigenen Vater erschlagen wird. Der Hass wird jenseits aller Konventionen zum jähen, mörderischen Austritt aus der Regel, die Beschreibung der Tötung eines Kindes zeigt dies mit geradezu wahnhaft entfesselter Intensität: »Es heißt vom Mörder, Meister Predello, der schon Josephe erschlagen hatte, er ruhte nicht eher, als er der Kinder eines bei den Beinen von seiner Brust gerissen, und nachher im Kreise geschwungen an eines Kirchenpfeilers Ecke zerschmettert hatte und alles entfernte sich. Don Fernando, als er den kleinen Jungen vor sich liegen sah, mit aus dem Hirn dringenden Mark, hob voll namenlosem Schmerz seine Augen zum Himmel.« Mit solch exzessiver Brutalität lässt Kleist auf die Idylle das Chaos folgen.

In Giovanni Boccaccios Novellensammlung *Decamerone* hingegen geht es sinnenfroh-heiter zu. Der Dichter trägt zu der Zeit, als die Pest in Florenz ausgebrochen ist, zehn Tage lang – daher der Titel – jeden Tag eine Geschichte in ländlicher Idylle vor. Dieses Idyll, in dem sich der Dichter mit Freunden versammelt, ist anders gedacht als die von Kleist existentiell gefasste Idylle vor der Katastrophe. Dabei mag die Epochendifferenz zwischen Neuzeit-Moderne (1810/11) und beginnender Renaissance (1348) eine Rolle gespielt haben, die Charaktere der beiden Dichter aber sicherlich auch. Denn was sind das für Geschichten, die Boccaccio erzählt? Seine Liebhaber sind nicht glutvoll Liebende, sondern frivole Genussmenschen. Es sind Figuren des Alltags, aus Redewendungen und Sprichwörtern hervorgezogen, einfache Handwerker und Maler, komische und unternehmungslustige Gestalten zugleich.

Und nun die Seuche von heute, die uns mit ihrem fast schon poetischen Namen Corona-Virus und ihrem stilisierten, exotisch wirkenden Abbild aus jedem Fernsehprogramm in schrecklichen Details vor Augen tritt. Bis auf die *Financial Times*, die das *Decamerone* eher beiläufig neben anderen Pestgeschichten erwähnte, verfiel kein englischer Kommentar auf den Gedanken, sich auf Boccaccios Leben und Werk zu beziehen. Geschah dies aus Rücksicht auf den altehrwürdigen Text? Vielleicht. Aber nicht nur: Die Pest von Florenz hat zwar sehr viele Menschen das Leben gekostet. Aber die Pest von heute wird wohl noch mehr kosten. Sie wird vor allem länger dauern und möglicherweise unsere Gesellschaften bis in ihre Wurzeln verändern. Eine Befürchtung jedenfalls, die sich erfüllen mag.

In London wurde es, nachdem dort die Erkrankungen später als in anderen Weltgegenden sich häuften, prekär. Die Empfehlung, in der Wohnung, im Haus zu bleiben, keine Einkäufe zu machen, auf keinen Fall ein Restaurant zu besuchen, keinen Freund mehr zu sehen, ließ das Leben in der Stadt einerseits nicht mehr als sonderlich lebenswert erscheinen, andererseits machte es dieses Leben auch nicht unbedingt sicherer. Für manch einen gab es eine bewährte Alternative aus früheren Zeiten: ausweichen in die ländliche Idylle. Im Falle dessen, der dies schreibt, bot sich eine solche Idylle im Haus eines Freundes in der Grafschaft Norfolk. Schon seit vielen Jahren fuhr er dorthin.

Er hatte einen Tick für den romantischen Nordosten, schon aus historischen Gründen, kamen doch alle Howards dorther, die führende adlige Familie, die sich mit Heinrich VIII. angelegt hatte. Die Howards waren der letzte Kriegeradel, der sich nach dem Gemetzel zwischen der weißen und der roten Rose im 15. Jahrhundert mit einem König überworfen hatte. Und dann ausgerechnet mit dem, dessen Vater das Ende des Gemetzels zu verdanken war.

Als er aus London in Richtung Cambridge hinausfuhr, wusste er, dass es diesmal nicht ein, zwei Wochen sein würden, bis er zurückkäme. Schon allein deshalb war die Fahrt anders als sonst. Er tankte und zog Geld aus dem Automaten. Dabei trug er diese durchsichtigen Handschuhe und wischte Wagentür und Klinke mit Desinfektionsflüssigkeit ab. Es schien wie ein letzter Akt beim Verlassen der Zivilisation; seine Welt, die sich über Nacht verändert hatte, lag hinter ihm. Von Verwandten und Freunden hatte er sich telefonisch verabschiedet. Keiner warf ihm Flucht vor. Er dachte nicht daran, dass er manche nicht wiedersehen würde. Es war alles seltsam genug.

Er fuhr durch eine alte Landschaft und Geschichte. Der Verkehr war dünn, und es gab keine Verzögerungen. In der Idylle war er damit zwar noch nicht angelangt, aber kurz davor. Noch eine Stunde. Die kleine Brücke, die übers Tal führte, war unbefahrbar. Über einen Umweg näherte er sich dem Haus des Freundes durchs Dorf. Alles andere lag nunmehr endgültig hinter ihm, weit entfernt.

Doch wie sich herausstellte, verhielt es sich nicht ganz so. Sein Freund Robert selbst war zum Schutz vor dem Virus ebenfalls aus der Stadt geflohen. Zwar würde außer ihm kaum ein Mensch vorbeikommen, allenfalls Lieferanten und gewiss kein Infizierter. Aber Robert musste hier- und dorthin, nicht bloß ins Dorf, wo es einen kleinen Gemüseladen mit einer Poststelle und Zeitungen gab. Er musste zum Einkaufen auch nach Norwich, in die nächstgrößere Stadt. Robert kaufte mit Handschuhen ein und blieb auf Distanz. Das Eingekaufte wurde hernach angemessen gesäubert.

Wenn sie zusammen am großen Tisch in der geräumigen Küche saßen – das Haus war ursprünglich ein Jagdhaus, das in Teilen aus dem 17. Jahrhundert stammte –, dann versammelten sich die so lange eingeübte Rede und Widerrede in diesem Raum, als ob es gar nichts anderes gäbe als diese beiden in dieser Landschaft, in diesem Haus. Es war somit nicht anders, als es immer schon gewesen war. Die Freunde diskutierten über die Gesellschaftspolitik der konservativen Partei, deren Mitglied Robert als junger Mann gewesen war. Vor allem kam ihre Unterhaltung immer wieder auf die englische und europäische Geschichte. Robert war kein Brexiteer, nein, das war er weiß Gott nicht. Aber er hatte eine eingeborene und seit jeher gepflegte Affinität zur vergangenen englischen, britischen Größe. Sein Vater war in der Normandie als junger Offizier gefallen. Er, nicht lange davor geboren, hatte ihn eigentlich nicht kennengelernt.

Der Wind, so schien es, blies aus der richtigen Richtung. Doch war das nun tatsächlich die Idylle? Der Sturm ist kein Teil der Idylle. Und es regnete zuweilen heftig. Auch das ist nicht idyllisch. Oder doch? Weil es nicht so wie in der Stadt regnet und keine Regenschirme zu sehen sind. Auch keine jungen Männer und Frauen, die wie in London ohne Kopfbedeckung durch den Nieselregen gehen. Eine Attitüde.

Doch hie und da zeigte sich das Idyllische doch: die Eichen, die Pferde, die See. Wirklich bewusst wurde er sich der Idylle aber als Widerspruch zum Chaos, das die Seuche ausgelöst hatte. Deshalb wirkten die Sendungen der BBC über das Virus nun so fehl am Platze. Diese Sendungen waren auf ein Sensationsbedürfnis aus, das hier fremd war. Sie wiederholten unablässig dieselben Informationen, unterbrochen nur von der einen oder anderen erschreckenden Neuigkeit. War er denn nicht geflohen, weil er vom Chaos nichts hatte wissen wollen? Nicht dass man hier durch entsprechenden Kontakt nicht auch erkranken könnte. Aber es gab einfach keine solchen Kontakte. Es gab keine Verlockung, ein Lokal oder einen Versammlungsort zu besuchen. Nun ja, es gab sie vielleicht, wenn man sie unbedingt finden wollte, aber im Haus zu reden war angenehmer.

Früher, wenn er aus dem Fenster in Roberts Bibliothek hineingeblickt hatte, wo er immer zu arbeiten und die riesige Eiche davor zu betrachten pflegte, hatte er gedacht: Das ist eine andere Welt hier. Damit hatte er nicht das Verschwinden von etwas gemeint, sondern die Erscheinung von etwas ganz anderem. Anstelle der kulturhistorischen Distanziertheit inmitten städtischer Zivilisation ganz unmittelbar das Sehen und Einatmen des sonst nirgendwo Wahrnehmbaren. Das hier war tatsächlich die Idylle, abgesondert vom virusbedingten Chaos, der wohl schlimmsten Folgeerscheinung zivilisatorischer Beengtheit. Dem zu entgehen, nicht bloß der Gefahr wegen, war er hierher gefahren.

Ein Charakteristikum des Idylls zeigte sich auch an der sparsamen Geselligkeit außerhalb ihrer Zweiergemeinschaft, im Zusammensein mit der einzigen Freundin, die ab und zu abends auftauchte: Zeichnerin von Blumen und Bäumen, Enkelin des berühmtesten walisischen Künstlers seiner Epoche und voll von anekdotischen Mitteilungen über ihren gespannten Seelenzustand und ihr Verhältnis zu jenen Menschen, die diese Spannung verursachten. Es war immer dasselbe. Sie lebte in einem uralten Cottage mitten in der Wildnis, das sie vermietete, wenn sie sich in ihrer Londoner Wohnung aufhielt. All das wurde wieder und wieder durchgekaut, zum hundertsten Mal, erklärbar nicht zuletzt durch die beschränkte Gemeinsamkeit in dieser Landschaft. Wenn sie kam, wussten sie schon, was bevorstand. Es gab niemanden, der sie hätte ersetzen können.

Es bedurfte keiner Mühen, die Idylle von Norfolk zu entwickeln, denn ihr Gegenstück London verlor er nicht aus der Erinnerung. Das, was hier immer so ganz eigen gewesen war gegenüber allen anderen Orten, bot jetzt im Wissen um das überall sonst tätige Virus den entscheidenden Vorteil. Und: Er wusste auch, dass sie die in Aussicht genommene Zeit des Miteinanders nur überstünden, wenn Spannungen und Streit ausgeschlossen blieben. Das Chaos mussten sie sich in jeder Hinsicht vom Leib halten.

Erst jetzt wurde endgültig deutlich, was die Idylle wirklich war. Hatte er früher dieses Wort ausgesprochen, war es für ihn ein literarischer oder geistesgeschichtlicher Terminus ohne existentielle Bedeutung gewesen. Noch als er losgefahren war und sich gesagt hatte, er fahre jetzt in die Idylle, hatte er das Wort in seinem konventionellen Sinne gebraucht. Doch hier, im Haus seines Freundes in Norfolk, abseits der Stadt, war die Idylle über ihn gekommen. Die immer schon empfundene Stille drang mit einer neuen, absoluten Ausschließlichkeit in ihn ein.

178

Wenn etwas absolut wird – was auch immer es sei –, zeigt es sich zunächst als Erscheinung des bis dahin Unbekannten. Als er mit Robert in einer neuartigen Gestimmtheit den Weg hinauf zu den Pferden nahm, waren diese wie verwandelt. Sie kamen anders an die Koppel als sonst. Oder bildete er sich das nur ein? »Siehst du, dass die Pferde anders aussehen?« fragte er Robert. »Was sollte an ihnen anders sein?« – »Sie sehen nicht so aus, als ob sie gleich an den Wagen gespannt werden könnten. Oder zu einem Rennen unterwegs wären.« Was er empfand, war etwas Mythologisches. Auch die Tiere waren eingegangen in die unabsichtlich erlangte Endgültigkeit, in der sie beide jetzt lebten. Hatte er in London immer etwas vorgehabt, war er hier zu nichts verpflichtet. Welch ein Glück, welche Erleichterung, welche Freiheit! Nur ihre alten Gespräche bei Tisch, unberührt vom Wissen um das Chaos, blieben beständig.

Am tiefsten drang die Idylle in ihn ein, wenn er allein über die Felder ging, vereint mit ihr durch die Reflexion seiner Alleinigkeit. Dabei hielt er einen Ort in Erinnerung, der diesem hier gleichkam: eine Anhöhe im Schwarzwald. Man stieg hinauf und wanderte, zwischen kleinen Tannen, Farnen, Wiesen, meilenweit durch Einsamkeiten. Gewiss, eine eigentliche Idylle war das noch nicht gewesen, aber einige ihrer Merkmale waren bereits aufgetaucht. Mit der Idylle vereint sein, hatte er bei seinen sonst üblichen Spaziergängen bereits erfahren, hieß auch, dass die Details des Alltags verschwänden, Beruf, gesellschaftliche Verpflichtungen, Kino, selbst die Lektüre von Büchern. Das alles war ihm schon früher durch den Kopf gegangen. Nun aber, in der weltabgewandten Einsamkeit dieses Ortes in Norfolk, war nur diese Einsamkeit selbst in ihm anwesend. Es war eine Erfahrung von Transzendenz. Die Redewendung »das ganz Andere«, seit den sechziger Jahren in Mode gekommen, erreichte, so sein Gefühl, nicht die Tiefendimension der Idylle. Das hatte Folgen für seine Wahrnehmung des Seuchenchaos mit seiner majestätischen, es krönenden Titulatur. Die Idee von Corona verschwand allmählich, und mit ihr verschwanden Angst und Abwehr. Aber er erkannte auch: Die Idee der Idylle hatte gleichzeitig ihre Harmlosigkeit verloren. Nein, harmlos war sie keineswegs. Sie war von der gleichen Intensität wie das Chaos, verhielt sich wie der Himmel zur Hölle. Die Idylle wurde nicht allein zur Idylle, indem sie sich gegen das Chaos wandte. Sie war immer schon dagewesen, und ihre Opposition zum Chaos folgte daraus, dass sie es war!

Ob die gerade geborenen Lämmer diesmal Ostern überleben würden, wenn kein Mensch zum Einkaufen ginge und kein Schlachtvieh in die Städte transportiert würde? Gingen diese Lämmer augenblicklich ein in den ewigen Frieden? Sie weideten auf den Hängen an einem Hügel, dort, wo das Feld begann. Hier gab es die Welt als Abstraktion von der Welt. Dass noch keine Blätter an den Bäumen waren, ließ sie abstrakt erscheinen: abstrahiert vom Waldesrauschen, obwohl es genügend Wälder in der Nähe gab. Gerade die Eichen zeigten diesen Effekt. Die riesige neben dem Haus: ein Element idyllischer Ruhe. Das fiel einem zwar nicht sofort auf, wenn man es erblickte. Erst allmählich bildete sich der Gedanke heraus, als wachsende Einsicht in das Idyll einer *vita nuova*.

Dieses italienische Wort: *vita nuova*! Wenn er nicht gewusst hätte, was es bezeichnet, hätte er gedacht, es käme entweder aus der Renaissance-Ästhetik oder aus der Bibel. Indirekt traf das sogar zu, ist es doch der Titel eines der wichtigsten Werke Dantes und bezieht sich auf dessen nahezu religiöse Liebe zu Beatrice. Gleichzeitig ist es ein poetologischer Begriff, bezieht sich auf die Theorie eines neuen Stils, charakterisiert als »dolce stile nuovo«. Mit beidem aber hatte die Idylle von Norfolk nichts zu tun. Doch öffnete sie den Blick auf ein neues Leben! Ja, ein neues Leben war erreicht, nachdem das alte vom Chaos beherrscht war.

So wie das Idyllische der Idylle einen wohlig umfangen kann, so kann sie einen auch ersticken, sobald das Immergleiche sich ausbreitet. Dieses öde Gleichmaß, das die Extratour durch den Tag untergräbt, indem nichts passiert. Die Idylle ist das Gegenteil des Ereignisses. Nun ist aber der Friede auch das Gegenteil von Krieg. Kann sich die Idylle vom Frieden nicht ein Stück abschneiden?

Wohl kaum, wenn man bedenkt, dass dem Ewigen Frieden – und die Idylle ist ein solcher – etwas Defizitäres anhängt. Dieser Befund könnte einen dazu veranlassen, ins Chaos zurückzustreben, also sich erneut der metropolitanen Pest auszuliefern.

Und ehe man sich versieht, ist man tatsächlich wieder zurück. Nicht in einem wahnwitzigen Strudel von Verkehr, nicht in einem von Passanten überrannten Stadtteil. Man schaut aus dem Fenster auf die mit Maske ernst Dahingehenden oder auf fröhliche Radfahrer ohne solchen Schutz. Setzt man sich schon damit einer Gefahr aus? Zumindest, im Unterschied zum Dasein in der Idylle, ein wenig: in Form einer beobachtbaren Lebendigkeit unvorhersehbarer Ereignisse. Zuerst nämlich war er in der Hauptstadt angehalten, zwei Wochen lang im Haus, in seiner Wohnung zu bleiben. Das steigerte das Gefühl eines Spannungsverhältnisses zur Außenwelt als einer gefährlichen Wildnis.

Aber verbarg sich dort draußen nicht immer schon etwas Gefährliches? Frauen sollten nicht, so hieß es, zu später Stunde allein mit der U-Bahn fahren, nicht allein im Dunkeln nach Hause gehen. In der Nachbarschaft, das wusste ein jeder, trieben sich Jungen herum, die Kokain verkauften. Es konnte passieren, dass der unbekannte Sechzehnjährige, der an der Tür um Geld bettelte, in den Flur trat und, während man in der Wohnung nach einer Ein-Pfund-Münze suchte, mit den Papieren, die auf dem kleinen Tisch gelegen hatten, verschwunden war. Man brauchte nur eine Woche weg zu sein und fand bei der Rückkehr das eingebrochene Fenster im Untergeschoss vor, ohne dass eines der Dokumente in den Schubladen des Obergeschosses fehlte oder der Fernseher. Was hatten die Eindringlinge – es gab so viele Eindringlinge – gesucht? Computer, die sie aber nicht fanden. Dadurch wurde das Gefühl, umlauert zu werden, nicht schwächer. Im Gegenteil. Gerade dieses Gefühl baute sich auf. Man war Nachbar der Gefahr. Dazu brauchte es keinen Mord. Obwohl in der Straße mit der schönen klassizistischen Außenfront gleich in der Nähe ein Junge den Nachbarsjungen neulich vor dem Haus erstochen hatte. Keine Bandentat, einfach so.

Man wusste das alles, schloss es aber ein in einen friedfertigen Alltag, der das im Grunde doch nicht war. Es war ein undurchsichtiges Tages- und Nachtgeschehen, dessen sich die meisten, am Tag im Büro, am Abend vor dem Fernseher, gar nicht bewusst wurden.

Wie wollte, sollte, konnte man das nennen? War das schon Chaos? Sollte man es als Chaos, als Unort der Welt akzeptieren? Das altgriechische Wort »Chaos« meinte eine gähnende Kluft zwischen Himmel und Erde oder eine ursprünglich vorhandene formlose Urmasse. Insofern enthielten Wort und Vorstellung vom Chaos etwas sehr Elementares: das Ursprüngliche, das Sein, bevor es etwas gab, das man überhaupt Sein hätte nennen können.

Es gibt Beschreibungen von Metropolen, von London oder Paris, bei denen man etwas lernt von der kreativen Wucht des Chaos. Heinrich Heine hat die erdrückenden Menschenmassen auf Londons Straßen einschlägig charakterisiert, weil er den Engländern die Behandlung ihres Gefangenen Napoleon nicht verzeihen konnte. Nachschlagen kann man derartige Bewertungen auch in Dickens' *A Tale of Two Cities* (1859) sowie in Balzacs und Flauberts Schilderungen der sozialen Verhältnisse im Paris des 19. Jahrhunderts. Besonders einschlägig für die Vorstellung von Chaos ist die Darstellung New Yorks in Célines Roman *Voyage au bout de la nuit* (1932). Die exzessive Beschreibung der obszönen öffentlichen Bedürfnisanstalten für Männer, des »Kothauses«, ihrer Selbstdarbietung – das sind interessante Einführungen ins Chaos.

Vor allem aber lernt man daraus, dass der Besucher des Chaos ein interessierter Leser sein muss. Anders gesagt: Sofern er überhaupt ein Interesse am Chaos hat, entzündet dieses Interesse die Phantasie. Folgt daraus im Umkehrschluss, die Idylle sei langweilig, nicht phantasieanregend? Tatsächlich gibt es Idyllen, die etwas Phantastisches an sich haben. Doch sind sie damit keineswegs der Himmel in Konfrontation mit der Hölle. In einem solchen Vergleich schnitte der Himmel schlecht ab. Das zeigte sich schon an Miltons Epos *Paradise Lost*. Doch letztlich verharrt die Idylle in schöner Ordnung und Mäßigung.

Wenn also jemand aus seiner ländlichen Idylle, geschützt vor jedem gefährlichen Hauch, zurückwill in das vom Virus noch immer belagerte oder sogar schon durchseuchte London, was ist dann die Chaos-Komponente seines

Motivs? Fest steht: Der nach London Zurückkehrende will sich nicht in der harmlosen Provinz versteckt halten. Aber folgt er damit nicht bloß einem Ehrenkodex? Einerseits angezogen vom Leben aller, will er sich gleichwohl schützen, indem er sich absondert. Was interessiert ihn überhaupt am Chaos? Sucht er darin die Erfahrung des Elementaren? Oder das ganz außergewöhnlich Ereignishafte? Diesem jedenfalls stellt er sich, fügt sich ein und wird so vom alleinigen Betrachter wieder zum Mitglied der gefährdeten Gemeinschaft.

Seinen offensichtlichsten Ausdruck findet das Chaos in einer Stadt im Ereignis ihrer totalen Bombardierung und der nachfolgenden Effekte: Brände, Explosionen, einstürzende Bauwerke, Sirengeheul und in Panik flüchtende Menschen. Demgegenüber scheint sich das Chaos des tausendfachen Todes durch das Virus zu verbergen. Doch hört man davon, sieht Bilder von Sterbenden und Toten, man weiß, dass es geschieht. Und gerade weil sich hierin keine Bombennächte ereignen, nicht das Offensichtliche stattfindet, ist der sich des Chaos Bewusste der Bewusste schlechthin: Er durchdenkt die kulturelle Konsequenz des Geschehens, das Unheil. Die Auflösung der bisherigen Zivilisation. Wer Chaos nur fliehend erleidet, beobachtet es nicht. Wer es beobachtet, erleidet es nicht in vergleichbarem Maß wie die anderen. Insofern scheint es dem Beobachter am Mitleiden zu mangeln.

In Tolstois Roman *Krieg und Frieden* (1868/69), der schon im Titel das Thema ankündigt, ist die Differenz zwischen Idylle und Chaos ganz beiläufig, aber nachdrücklich angesagt: Was stellt sich mehr als eine Insel des Glücks dar als die Gemeinschaft der Moskauer Familie Rostow um ihre Tochter Natascha? Und wie bricht das Chaos ein in die Wahrnehmungen des Prinzen Andrej Bolkonski im Angesicht der kriegerischen Zusammenstöße von russischer

Artillerie mit französischer Infanterie? Die Gedanken des Prinzen öffnen sich dem Chaos, indem er sich mit den Mordmaschinen identifiziert. Gleichzeitig erkennt er darin die Welt.

Karl Heinz Bohrer
Jetzt
Geschichte meines Abenteuers
mit der Phantasie
st 4877. 542 Seiten
ISBN 978-3-518-46877-7
Auch als eBook erhältlich

Die unbeirrbare Erwartung, dass die banale Gegenwart um-
schlägt in das phantastische Jetzt – das ist Karl Heinz Bohrers
Motor in seiner autobiographischen Geschichte. Sie spielt in europäischen Metropolen, an deutschen und amerikanischen Universitäten, auf essayistischem wie auf wissenschaftlichem Terrain.
Und immer wieder auf der Bühne der Beziehungen: zu Frauen,
Freunden, Weggefährten und Gegnern. Dabei erzählt er konse-
quent aus der Perspektive des aktuellen Erlebens: aus dem Jetzt.

> **»Ein Glücksfall für die oft allzu brav gewordene**
> **Geschichte des deutschen Geistes.«**
> *Alexander Cammann, Die Zeit*

> **»Ein elektrisierendes Buch.«**
> *Mark Siemons, FAS*

suhrkamp taschenbuch

Karl Heinz Bohrer
Mit Dolchen sprechen
Der literarische Hass-Effekt
Geb. 494 Seiten
ISBN 978-3-518-42881-8
Auch als eBook erhältlich

Nicht um den Hass als die begleitende Emotion eines politisch-weltanschaulichen Programms geht es Bohrer, sondern einzig um den literarischen Ausdruckswert, um die Rolle des Hasses als eines Mediums exzessiv gesteigerter Poesie. Die Studien führen vom Beginn der Neuzeit, von Shakespeare, Kyd und Marlowe, über Milton, Swift, Kleist, Baudelaire, Strindberg und Céline bis in die Gegenwart: zu Sartre, Bernhard, Handke, Jelinek sowie Brinkmann und Goetz. Und zu Houellebecq, in dem die bösartige Affirmation des Hassenswerten, eine Zeitgenossenschaft ohne Hoffnung kulminiert.

»Literatur nicht als Lebenshilfe, schönes Objekt oder mentale Kuschelecke gedacht, sondern von einem der komplexesten Gefühle her: dem Impuls des Hasses.«
Mara Delius, Die Welt

Suhrkamp